プロ野球 常勝球団の方程式

9チームの黄金時代を徹底研究する

出野哲也 ideno tetsuya

言視舎

目　　次

はじめに　“常勝”とは？　どのようにチーム力を評価するか　5

2000 ～ 10 年代：北海道日本ハムファイターズ(2003-16)　9

フランチャイズを変えたダルビッシュ／稲葉は 30 代半ばで最高の成績／大谷翔平という奇跡／ヒルマン流スモール・ボールの誤解／半強制的な新陳代謝の是非／小笠原がＦＡで退団していなかったら？／結論

2000 ～ 10 年代：福岡ダイエー／ソフトバンクホークス (1995-2016)　33

衰え知らずの根本の豪腕／ＦＡの活用／王の理想の攻撃野球／強打の捕手・城島／一向に育たない捕手／プレーオフがなかったら？／結論

1990 年代：ヤクルトスワローズ(1990-98)　53

酷使で潰れた伊藤智仁／優れた外国人選手たち／野村再生工場／ＩＤ野球の申し子・古田／相次いだ主力選手の流出／長嶋監督が実現していたら？／結論

1980 ～ 90 年代：西武ライオンズ(1982-94)　75

最強の高卒新人打者・清原／若いメジャーリーガーを重点的に獲得／ＧＭ根本の補強術／ライオンズの屋台骨は石毛か伊東か／緩やかな衰退／ＦＡ制度がなかったら？／結論

1970 ～ 80 年代：広島東洋カープ(1975-88)　101

効果的だったドラフト指名／優勝請負人・江夏／パワーとスピードのミックス／三塁コンバートに成功した衣笠／高卒投手たちの伸び悩み／原辰徳が入団していたら？／結論

1960 〜 70 年代：阪急ブレーブス(1963-78)　121

長池と 68 年ドラフトの大成功／優れた 2 人の外国人二塁手／西本・上田の攻撃野球／世界の盗塁王・福本豊／投手の育成に失敗／江川が入団していたら？／結論

1960 〜 70 年代：読売ジャイアンツ(1961-73)　145

巨人ブランドを生かした補強／金田の貢献度は？／川上管理野球は成功か／偉大なる王貞治／巨人ブランドの崩壊／ドラフト制度がなかったら？／結論

1950 年代：西鉄ライオンズ(1951-59)　165

地元の利と名スカウト／大下の存在の大きさ／独特の三原魔術／史上最高の投手・稲尾／主力の衰えをカバーできず……／"黒い霧"がなかったら？／結論

1940 〜 60 年代：南海ホークス(1946-68)　187

遅咲きルーキー柚木／外国人選手を上手に操縦／次々に出てきた若手投手／不世出の名捕手・野村／新戦力の供給が途切れる／長嶋が入団していたら？／結論

結論　常勝球団の方程式　207

付録
オールタイム野手トップ 300・投手トップ 100 最新版　213

はじめに "常勝"とは？　どのようにチーム力を評価するか

　70年を超える歴史を持つ日本プロ野球には、常勝球団と言われたチームがいくつか存在する。その代表例がV9時代の読売ジャイアンツ（以降、巨人）、80年代の西武ライオンズなどだが、何をもって"常勝"と定義するかは意見の分かれるところかもしれない。

　まず"常勝"と言うからには、あまり大きな浮き沈みがなく、**10年前後にわたって優勝争いに加わり続けていなくてはならない。その間リーグ優勝は4〜5回、日本一にも複数回なっていること**も必要だろう。鶴岡一人監督時代の南海ホークスや、三原脩監督時代の西鉄ライオンズ、70年代の阪急ブレーブスなどはこうした条件をクリアしている。最近では福岡ダイエー／ソフトバンクホークスと北海道日本ハムファイターズも、常勝球団と呼べるだけの実績を収めている。

　では、このような黄金時代を築いた球団には、何か**共通点**があったのだろうか。**誰がどのようにしてチームを作り上げ、その強さを何年間も保ってきたのか。**本書はそうした疑問に応えるため、プロ野球の歴史を彩ってきた**9つの常勝球団**を取り上げ、個々に分析を試みたものだ。

　一口に常勝球団と言ってもその成り立ちは同じではなく、以下に挙げる3つのタイプに大別できる。

①**育成型**……戦力の乏しい状態から、チームの核になる選手を一から育て上げていく。

②**改良型**……すでに中心となる選手がいて、その選手や脇を固める選手の能力を伸ばす。

③**補強型**……他球団やアマチュア、海外から即戦力の選手をどんどん補強する。

はじめに　5

長く上位で戦い続けたチームは、みな上記の３点を少しずつ押さえてはいる。とはいえ、チームの方針や根幹の部分にはそれぞれ特色があって、いずれかのタイプには分類できる。この点については一通り分析を進めたのち、終章で改めて結論を出す。

　各球団の分析に際しては、以下に挙げた５つの視点をもとにしている。

Impressive Rookies：強い印象を与えた新人選手
Important Newcomer：重要な存在となった移籍選手や外国人選手
Management/Strategy：監督の采配、編成上の補強戦略
Key Player：鍵となった選手
Decline Phase：衰退の原因は何だったのか

　この５つの要素を複合的に考慮した上で、さらに What would have happened if... という項目も設けている。これは、例えば「江川卓が入団していたら、阪急の黄金時代は続いたのか？」といった疑問を検証するものだ。そして最後に、これらの考察を踏まえて Conclusion/ 結論を導き出している。

＊　　＊　　＊

　ここで、本書で選手の評価として使っている指標について説明しておこう。

　打者の評価指標としてはＲＣ、ＡＲＣ、ＰＡＲＣ、ＲＣＡＡを使用している。ＲＣ（Runs Created）は「打順や出塁状況に左右されない打点」とも言うべきもので、各打者が単独で生み出すと予測される得点を示す値。いくつかの計算式があるうち、本書では比較的シンプルな、次に示したヴァージョンを用いた。

a ＝ （安打＋四死球－盗塁刺－併殺打）
b ＝ ［塁打＋（0.26×四死球）＋｛0.52×（犠打飛＋盗塁）｝］
c ＝ （打数＋四死球＋犠打飛）

ＲＣ＝（a×b）÷c

　ＡＲＣはＲＣをベースとして筆者が独自に発展させたもので、年による平均得点の違いを考慮に入れてＲＣを修正した数値のこと。1試合に4点取るチームがあったとして、平均得点が5点の年と3点の年では、前者は攻撃力の弱いチーム、後者は強いチームになる。近年で言えば統一球時代には打者の見た目の数字が大幅に落ちてしまったが、ＡＲＣを用いることで、そのような環境に左右されない真の数値を知ることができる。

　具体例を挙げると、飛ぶボールと圧縮バットが使われていた80年のパ・リーグは1試合の平均得点が5.06もあった。逆に統一球初年度の2011年は3.41にしかならなかった。パ・リーグ全年度の平均得点は4.08なので、そこから比を求めると80年は0.81、11年は1.20という係数になる。80年にＲＣ100だった打者の「真の数字」は100×0.81＝81、11年は同じように100×1.20＝120ということになる。

　ＰＡＲＣも筆者独自のもので、これはＡＲＣにポジションの難易度を加えたもの。過去のデータを通じて、守備面での負担が高い捕手、二塁手、遊撃手などは打撃成績が低く、逆に一塁手や指名打者などは高くなることがわかっている。つまり同じ打席成績でも、捕手と指名打者ではその「価値」が異なることを、数値として示したものだ。

捕手 = 1.24	左翼手 = 0.94
一塁手 = 0.87	中堅手 = 0.97
二塁手 = 1.10	右翼手 = 0.97
三塁手 = 0.97	指名打者／代打 = 0.83
遊撃手 = 1.13	

　以上の守備係数をＡＲＣの値に掛けることで、年代と守備位置の違いが平均化されて、表面的な数字よりも実際の価値に近い数値になる。同じＲＣ100の打者でも、捕手なら100 × 1.24 = 124、ＤＨなら100 × 0.83 = 83となり、その差41ポイントが守備での貢献度の違いを表しているわけだ。

　ＲＣＡＡは個人のＲＣをリーグの平均得点と比較したもので、打力の弱い打者だとマイナスの数値になる。こちらも本書では、上記の守備係数を用いて修正を加えた数値を使っている。

　投手の指標にはＰＲ（Pitching Runs）を使用している。これはＲＣＡＡと同じように、個人の防御率をリーグの平均失点と比較したもので、その計算式は以下のようになる。

（投球回数÷9）／（リーグ防御率－個人防御率）

　野手と投手の価値を同一の基準で比較する際には、ＲＣＡＡとＰＲをまとめて**ＰＶ**（Player's Value）と呼んでいる。以上の指標についての詳細は、拙著『プロ野球最強選手ランキング』『プロ野球埋もれたＭＶＰを発掘する本』を参照されたい。

　また、監督の能力を評価する指標の一つとして**予想勝率**というものがあり、その計算式は（**得点の２乗**）÷（**得点の２乗＋失点の２乗**）。得点と失点が同点の場合は勝率.500になる。

2000～10年代
北海道日本ハムファイターズ

2003-16（14年間）、Aクラス10回、優勝5回、日本一2回

資金力＝C
スカウティング＝A
育成力＝A＋
外国人選手＝B
監督＝B＋

年 度	監督	順位	勝利	敗戦	引分	勝率	ゲーム差
2003	Ｔ・ヒルマン	5	62	74	4	.456	19.5
2004	Ｔ・ヒルマン	3	66	65	2	.504	
2005	Ｔ・ヒルマン	5	62	71	3	.466	
2006*	Ｔ・ヒルマン	1	82	54	0	.603	
2007	Ｔ・ヒルマン	1	79	60	5	.568	―
2008	梨田昌孝	3	73	69	2	.514	4.0
2009	梨田昌孝	1	82	60	2	.577	―
2010	梨田昌孝	4	74	67	3	.525	3.0
2011	梨田昌孝	2	72	65	7	.526	17.5
2012	栗山英樹	1	74	59	11	.556	―
2013	栗山英樹	6	64	78	2	.451	18.5
2014	栗山英樹	3	73	68	3	.518	6.5
2015	栗山英樹	2	79	62	2	.560	12.0
2016*	栗山英樹	1	87	53	3	.621	―

（＊は日本シリーズ優勝）

2006 年以降、11 年間で 5 度パ・リーグを制覇した日本ハムは、これまでのどの**常勝球団とも異なる方法で、優勝争いできるチーム**を作り上げている。

　ファイターズはパ・リーグで 3 番目に古い歴史を持つ。戦後の 46 年、旧東京セネタースのＯＢを中心に結成された第二次セネタースを起源とし、翌 47 年には東急に買収されてフライヤーズと名前が変わり、54 年に東急系列の東映が親会社となった。元巨人の水原茂が監督を務めていた 62 年は日本一になっている。だが、その後は次第に成績が下降し 73 年に日拓ホーム、そして 74 年に日本ハムが親会社となって名前もファイターズに変わった。

　大沢啓二監督時代の 81 年にリーグ優勝を果たし、90 年代も 93・96・98 年と再三優勝するチャンスはあったが栄冠には手が届かなかった。そして **2004 年、東京から札幌へ本拠地を移し、球団名に北海道の名を冠して再出発**した。

　移転 1 年目にチームの目玉となったのは**新庄剛志**だった。元阪神の人気選手で、01 年から 3 年間はメジャーリーガーとしてプレイ。03 年限りで帰国した新庄は、新たな働き場に日本ハムを選んだ。「これからはメジャー・リーグでもない。セ・リーグでもない。パ・リーグです」。入団記者会見での彼の発言は、今思えばある種の予言だった。

　その 04 年、ファイターズはレギュラーシーズン 3 位でプレーオフに進出したが西武に惜敗。翌 05 年は 5 位に転落したものの、06 年は強力な投手陣とバントなどを多用した細かい野球で 25 年ぶりのリーグ優勝。日本シリーズで中日を倒し 44 年ぶりの日本一となった。続く 07 年は新庄が引退、主砲・小笠原道大がＦＡで巨人へ移籍、中継ぎエースの岡島英樹もＦＡでボストン・レッドソックスと契約するなど、3 人の主力選手が離脱しながらもリーグ 2 連覇。**トレイ・ヒルマン**監督がこの年限りで退団し、**梨田昌孝**が監督となって 2 年目の 09 年にも優勝した。

12年は大エースの**ダルビッシュ有**がメジャー・リーグへ去り、指導者経験のない**栗山英樹**が新監督となったが、**吉川光夫**がＭＶＰに輝く活躍で予想外のリーグ優勝。**糸井嘉男**をオリックスへ放出した13年に最下位へ転落したものの、同年加入した二刀流・**大谷翔平**の成長ですぐ優勝戦線へ復帰。16年は一時11.5ゲームの大差をつけられながら劇的な逆転優勝、日本シリーズで広島を下し10年ぶりの日本一になった。限られた予算の範囲内で、自前の選手を着実に成長させて毎年優勝争いに食い込んでいるこのチームは、資金力に恵まれない球団の模範的な存在になっている。

Impressive Rookies
〈フランチャイズを変えたダルビッシュ〉

　長らく優勝から見放されてきたファイターズにとって、04年のドラフトでダルビッシュを1位指名した決断が大きな転機となった。今となっては、ダルビッシュが日本ハムの単独指名だったというのは信じがたい。評価そのものが低かったわけではなく、04年春の選抜甲子園大会でノーヒットノーランを達成しており、数球団が競合してもおかしくない素材だった。04年のドラフトの、各球団の1位指名選手は下の表の通りである。

パ・リーグ

球団	自由枠/1位	所属	通算ＰＶ
西武	涌井秀章	横浜高	51.7
ダイエー	江川智晃	宇治山田商	-1.7
日本ハム	ダルビッシュ有	東北高	237.1
ロッテ	手嶌智	新日本石油	-2.6
	久保康友	松下電器	-2.4
オリックス	金子千尋	トヨタ自動車	135.5
楽天	一場靖弘	明治大	-84.6

セ・リーグ

球団	自由枠/1位	所属	通算PV
中日	樋口龍美	JR九州	出場なし
ヤクルト	田中浩康	早稲田大	8.4
	松岡健一	九州東海大	-4.9
巨人	野間口貴彦	シダックス	-20.7
	三木均	八戸大	-4.5
阪神	岡崎太一	松下電器	-2.1
	能見篤史	大阪ガス	36.2
広島	佐藤剛士	秋田商	-8.1
横浜	染田賢作	同志社大	-1.4
	那須野巧	日本大	-44.6

　この年のドラフトでは自由枠制度が設けられていた。大学・社会人に所属する選手を対象に、1球団2人まで事前に指名を確定できる代わり、これを行使した球団は1巡目の指名権がなく、高校生の有力選手を取れない仕組みだった。**表中太字**で示したのが**自由枠**の選手で、8球団が利用した。特に評価が高かったのは野間口と那須野、一場あたりで、巨人・阪神・中日・横浜といった有力球団はこれらの投手の獲得を目指し、ダルビッシュ争奪戦から消えた。

　高校生の有力選手も多く、自由枠を使わなかった4球団中、まず広島が佐藤の指名を打ち出し、西武も早い時点で涌井に絞る。ダルビッシュ指名の可能性を残していたダイエーも最終的に江川を選択した。

　また、この年の新人獲得競争を振り返る上で忘れてならないのが"裏金騒動"だ。ドラフトの目玉候補の一人だった明治大学の一場靖弘投手に対し、逆指名を取りつけるために横浜・阪神・巨人などのスカウトが不適切な金銭を手渡していた事実が発覚。各球団の経営責任者が辞任する事態に発展し、これによって多くの球団がドラ

フト戦略の見直しを迫られた。これとは別に、横浜に自由枠で入団した那須野も、裏金を受け取っていたことも後年明るみに出ている。

　こうした経緯を考えれば、一場から撤退した球団がダルビッシュに方向転換してもおかしくなかったが、そうした球団は現われなかった。逆に日本ハムがダルビッシュから一場に乗り換える可能性もあった。ＧＭに就任したばかりの高田繁が明治大の有力ＯＢだったからだが、親会社が社会的な問題を起こした選手の指名に難色を示したため、獲得の線は消滅した。さらに、ダルビッシュの所属する東北高の地元とあって、指名を検討していた新設球団の楽天も、即戦力を求め浮いた状態になっていた一場の指名を決定した。こうして日本ハムは、**プロ野球史上屈指の名投手を無競争で手に入れた。**

　ダルビッシュのその後は言うまでもない。07 年からは 3 年連続15 勝以上 5 敗以下、5 年連続防御率 1 点台。ＰＲも 10 年まで 4 年連続 40 以上で、これは 56 ～ 59 年の稲尾和久に次ぎ、50 年ぶり 2人目の大記録となった。07 年と 09 年はＭＶＰに選ばれ、12 年にポスティングシステムを利用してメジャーへ舞台を移したことで、球団に 5170 万ドル、当時の金額で約 40 億円もの移籍金ももたらした。通算ＰＶ 237.1 は同期で 2 番目に多い金子千尋を 100 ポイント以上も上回り、その他の選手には比較にならないほどの差をつけている。

〈ダルビッシュの年度別成績（05 年は規定投球回未満）〉

年度	勝敗	防御率	順位	ＰＲ	順位
2005	5-5	3.53		5.6	
2006	12-5	2.89	7 位	12.2	9 位
2007	15-5	1.82	2 位	40.4	1 位
2008	16-4	1.88	2 位	45.0	2 位
2009	15-5	1.73	1 位	46.5	1 位
2010	12-8	1.78	1 位	48.4	1 位
2011	18-6	1.44	2 位	39.0	2 位

04年のドラフトでは、3位でもオーストラリア出身で、メジャー経験のある**マイケル中村**を指名。翌05年の大学・社会人ドラフトでは希望枠で**八木智哉**、4位で**武田勝**が入団し、この3人はみな06・07年のリーグ2連覇に大いに貢献した。その後も05年**陽仲寿**（のち**岱鋼**）、06年**吉川光夫**、07年**中田翔、宮西尚生**……と毎年主力級の選手を着実に獲得。上位だけではなく、下位でも08年の5位で**中島卓也**、7位で**谷元圭介**、09年は5位で**増井浩俊**を拾い上げている。

　日本ハムのドラフトの特徴は、1位で必ず一番評価の高い選手を指名する点だ。この方針は徹底しており、11年はおじの原辰徳が監督を務める巨人以外行かないと公言していた東海大・菅野智之を敢然と指名。結果的に入団拒否に遭ったが、翌12年もメジャー志望で日本の球団にお断りの姿勢だった**大谷翔平**に特攻し、奇想天外な二刀流プランを提示してまんまと射止めた。重複指名による抽選を嫌がったり、入団拒否を恐れたりしない強気の姿勢が、時に指名権を無駄にすることになっても、多くの好選手の獲得につながっている。

　"補強ポイントを埋める"指名も極力避けている。例えば、左投手が不足しているからといって100点中75点評価の左腕を指名するより、たとえ外野手が余っていたとしても、90点評価の外野手がいたらそちらを獲得するのだ。補強ポイント重視の指名を続けていると、真に能力の高い選手を取れず、長い目で見ると少しずつ戦力を弱めてしまう。中位～下位でこうした指名をするのは悪くはないけれども、1～2位レベルでは能力主義で指名するほうが絶対に良い。さらには現場の希望を聞いて指名選手が左右されるのではなく、**あくまでフロント主導で指名する方針**も徹底されている。ＦＡなどに頼らず、ドラフトで指名した自前の選手を鍛えて勝つという方針が決まっているので、ブレることもないのだ。

Important Newcomer
〈稲葉は 30 代半ばで最高の成績〉

　北海道移転後、ファイターズの最初の顔となったのは新庄である。しかし人気面ではともかく、戦力的なインパクトはそれほど大きくはなかった。移籍 1 年目こそ活躍したものの、2・3 年目は打撃成績が下降し、守備以外での貢献は少なくなっていた。新庄より重要な存在だったのは、05 年にＦＡで入団した**稲葉篤紀**だった。ヤクルト時代も主軸打者だったが成績には波があり、打率 .311、25 本塁打、90 打点だった 2001 年を除いては特筆するような数字ではなかった。04 年限りでＦＡとなってメジャー・リーグを目指すも契約の話はなく、05 年のキャンプ中に国内で唯一手を挙げた日本ハムへ入団した。

　移籍 1 年目は平凡な成績だったが、06 年は打率 .307、26 本塁打で、日本シリーズでもＭＶＰを受賞した。とはいえ攻撃の軸はＭＶＰに選ばれた**小笠原**であり、**フェルナンド・セギノール**の存在も大きく、稲葉の位置づけは打線の中で三番手だった。真に重要な存在となったのは翌 07 年。小笠原の退団、セギノールの不調で得点力が激減していた中、稲葉は本塁打こそ 17 本に減ったものの、打率は .334 と 35 歳にして自己記録を大幅に更新し首位打者となった。

2006		打率	本塁打	打点	ARC
捕手	高橋	.251	6	19	24.2
一塁	小笠原	.313	32	100	121.8
二塁	田中	.301	7	42	63.0
三塁	木元	.239	1	21	20.5
遊撃	金子	.254	6	40	48.9
左翼	森本	.285	9	42	79.8
中堅	新庄	.258	16	62	51.5
右翼	稲葉	.307	26	75	90.4
ＤＨ	セギノール	.295	26	77	94.4

2007		打率	本塁打	打点	ARC
捕手	高橋	.255	10	43	47.9
一塁	稲田	.275	0	14	14.6
二塁	田中	.255	3	31	66.4
三塁	小谷野	.253	5	37	37.3
遊撃	金子	.243	4	53	42.2
左翼	坪井	.283	0	23	33.1
中堅	森本	.300	3	44	89.3
右翼	稲葉	.334	17	87	107.5
ＤＨ	セギノール	.249	21	68	74.6

　06 年はチーム打率 .269 と 567 得点はリーグ 2 位、135 本塁打は 1 位だった。それが 07 年になると .259 で 5 位に下がり、73 本塁打と 526 得点はいずれも最下位だった。得点がリーグで最も低いチームが優勝するのは、極めて異例だった。

　中でも小笠原の退団が響いた。上の表に示したとおり、06 年の小笠原のＡＲＣは 121.8 もあった。07 年は 9 選手を一塁で起用したが、最も出場試合数の多かった稲田はＡＲＣ 14.6 に過ぎず、小笠原を 100 ポイント以上も下回った。守備よりも打力が優先される場合が多い一塁でこの程度の攻撃力しか生み出せないのは、本来なら致命的な欠陥となるところだった。

　それをカバーしたのが稲葉で、ＡＲＣ 107.5 はチーム 1 位であるのみならず、リーグ全体でもローズ（オリックス）の 123.2 に次いで 2 位。前後に頼りになる打者がいなかったにもかかわらず、前年の 90.4 より 17.1 ポイントも増やしていた。稲葉が打線を支えていなければ、日本ハムのリーグ 2 連覇は幻に終わっていたはずだ。

　稲葉の特徴は、通常なら成績が下降し始める 30 代半ばになってから数字が上昇している点だ。自己最多の 26 本塁打を放ったのは

34歳、最高打率を記録したのは35歳で、37歳になった09年も打率.300、85打点で自己最高の出塁率.391。年代別に稲葉の成績を見てみると、その違いは明白である。

年代	年齢	打率	本塁打	打点	OPS	RC	ARC/500
1995-99	23-27	.287	47	203	.805	238.1	73.7
2000-04	28-32	.281	75	234	.789	303.7	71.8
2005-09	33-37	.304	95	383	.868	442.6	92.0
2010-14	38-42	.266	44	230	.732	248.2	74.5

　ＯＰＳ（出塁率＋長打率）はヤクルト時代は.800前後だったのが、日本ハム移籍後最初の5年間は.868へ大きく上昇。500打数あたりのＡＲＣも70台前半から92.0と20点近くも増えた。38歳から引退するまでの5年間でさえ、ヤクルト時代の数字を上回っている。

　長打力自体は、500打数あたりの本塁打が2000－04年の19.3本から05－09年は20.1本と、あまり変わっていない。だが打率は.281から.304と2分以上、また出塁率も.331から.368と3分以上も上がっている。ヤクルトでの稲葉はあまり四球を選ばない打者で、01年の43個が最高だった。日本ハムに移ってからもしばらくはそうだったが、08年に56個と自己記録を大幅に更新すると、09年も65個でリーグ6位だった。

　これは選球眼が向上したというよりは、相手投手から警戒されるようになったということだろう。表でも明らかなように、ヤクルト時代よりも稲葉は打点の数が多くなっており、より勝負強さを増している。そのため、以前よりも厳しいコースを投手が突くようになった結果、四球が増えたのだと思われる。

　日本ハムも、稲葉を獲得した際にはここまで成績を伸ばすとは予想していなかったはずだ。だが稲葉は中心打者として数字を残し続けただけでなく、その実直な人柄がファンに愛され、球団史上有数

の人気選手になった。選手の入れ替わりの多いチームにあって、移籍後の10年間は稲葉がファイターズ野手陣の背骨になっていた。

Key Player
〈大谷翔平という奇跡〉

　ファイターズ黄金時代の前半の主役がダルビッシュと稲葉なら、後半の主役は大谷だ。この天才児を二刀流のスーパースターという、現代プロ野球唯一の存在として輝かせることができた球団は、常識にとらわれない日本ハム以外にはあり得なかった。

　花巻東高時代から160kmの剛速球を投げていた大谷は、通常なら12年のドラフトで複数の球団が重複指名するはずの逸材だった。しかし本人はメジャー・リーグへの強い憧れを抱き、実際に多くのメジャー球団から誘われてもいて、プロ志望届こそ提出したものの日本のプロ球団への入団は拒否する意思を明らかにしていた。指名権を無駄にしたくない各球団は獲得競争から下りたが、前述の通り最高の素材を1位指名する方針の日本ハムだけが諦めず、単独で指名権を獲得。打者としても評価の高かった大谷に対し、2リーグ分立後のプロ野球では皆無に等しかった、投手・野手両方での育成を提示して大谷のパイオニア精神を刺激。同時に「メジャーへ行くには日本プロ野球を経由したほうが早道」と説得して、入団にこぎ着けた。仮に他球団が強行指名していても、二刀流のような斬新なプランを提案できていなければ入団拒否されていた可能性が高い。なお、二刀流は栗山監督のアイディアだったように思われているかもしれないが、実際にはスカウト陣が考えて推し進めたものである。

　現実問題として、どうすれば二刀流として育成できるのか。モデルケースがあるわけもなく手探りで始まった挑戦ではあったが、大谷自身のとんでもなく高い能力と頑健な肉体、そして批判の声に一切惑わされなかった球団・首脳陣の強い意志が不可能を可能にした。入団2年目の14年は、投手として11勝、防御率2.61、PR 17.1を

記録しつつ、打者としても 10 本塁打を放ち、10 勝 & 10 本塁打という "ベーブ・ルース以来" の快挙を達成。15 年は打者としては不振ながら、投手では 15 勝、196 奪三振、ＰＲ 24.1。そして 16 年は、肉刺（まめ）を潰した影響で規定投球回には 3 イニングだけ足りなかったものの 10 勝、防御率 1.86、リーグ優勝の懸った試合で 15 奪三振の 1 安打完封。打者としては主に三番を打ち、打率 .322、22 本塁打、ＯＰＳ 1.004。日本シリーズ第 3 戦ではサヨナラ安打を放った。

　リーグＭＶＰを受賞したのは当然としても、規定投球回／打席に達していなかったため、投手と指名打者のベストナインをダブル受賞した点には異論を投げかける向きもあった。しかしながら、ＰＲ 27.8 は防御率 1 位の石川歩（ロッテ）の 26.8 を上回り、全投手中 1 位。ＲＣＡＡ 25.6 は、24 本塁打・92 打点だったデスパイネ（ロッテ）の 3.2 をはるかに上回って、こちらもＤＨでは 1 位だった。投手としてもＤＨでも、同じポジションで最も貢献度の高かった選手だったので、ベストナインは完全に正当なものである。

〈大谷の年度別成績〉

年度	勝敗	防御率	ＰＲ	打率	本塁打	打点	ＲＣ	RCAA
2013	3-0	4.23	-4.5	.238	3	20	20.5	-3.1
2014	11-4	2.61	17.1	.274	10	31	36.4	3.9
2015	15-5	2.24	24.1	.202	5	17	10.9	-4.2
2016	10-4	1.86	27.8	.322	22	67	82.5	25.6

　入団当時、二刀流に賛同していたのは野茂英雄、落合博満、松井秀喜ら少数。評論家の多くは懐疑的であり、「客寄せパンダ」と嘲笑した者もいた。だが今となっては「二刀流は成功ではない」と言い続けているのは、自らの誤りを認める度量のない者だけになった。

　それでもなお、二刀流の成果は認めても「投打どちらかに専念すれば、もっとすごい数字が残せるはず」という意見もある。けれど

も、そのときは160kmを超える剛速球か、東京ドームの天井に突き刺さるほどの豪快な打球のどちらかが見られなくなってしまうのだ。こんなにつまらないことはない。ショウビジネスの世界で歌手と俳優の活動を両立させていても、何の疑問も持たれずむしろその才能を称賛されたりもするのに、なぜ大谷に関してはここまで非難の声が高かったのか不思議に思える。

大谷の挑戦はプロ野球史上最大の革命的な出来事だった。野茂のメジャー挑戦も画期的ではあったが、アメリカでもある程度の数字を残すであろうとは当時から予想されていた。イチローにしても3000本安打を放つようになるとは思われていなくとも、打撃技術の高さを考えれば通用しないことはあり得ないと見られていた。どちらにしても、単にレベルの違いを克服できるかどうかの問題であって、まったく未知の領域に挑むものではなかった。

その点、二刀流は事実上前例が皆無であり、どのような展開をたどるか予想ができなかった。否定的な意見が多かったのもそのあたりに理由があると思われる。だが大谷と日本ハムはそうした保守的な世界観を破壊し、球界に新たな次元を切り開いた。野茂は「彼は二刀流という大きな流れを切り拓くトップランナー」として、今後も二刀流選手が出てくると予想しており（『Number861号』）、現実にそのような動きは出始めている。

野球というスポーツにまだ進化の余地が残されているのを証明したのは、ＭＶＰや日本一になるより価値のあるものと言っていい。そしてファイターズが16年に日本一となったのは、これだけの才能を高校卒業後すぐにアメリカへ渡さず、たとえ数年間でも日本のファンに見せてくれたことへのご褒美だったと思えてならない。

Management/Strategy
〈ヒルマン流スモール・ボールの誤解〉

06〜07年に2連覇を果たした原動力は、バントや盗塁を絡めた

"スモール・ボール"のおかげだというのが定説になっている。アメリカ流のベースボールでなく、日本風の野球にヒルマン監督が順応した結果だと、メディアをはじめ評論家やファンもそのように決めつけていた。06年春、第1回ワールド・ベースボール・クラシックで日本が優勝したことも、スモール・ボールがあたかも至高の戦略であるがごとき風潮を後押しした。

　06年にファイターズの犠打企図数が増えていたのは事実である。05年に54しかなかった犠打は06年に133と2倍以上となり、07年はさらに151にまで増加した。この両年に優勝したので、バントの増加が勝利に直結したと早合点する人がいるのも当然だろう。だが、この単純な結論を否定する人がいる。他ならぬ、当時のヘッドコーチだった**白井一幸**である。以下は彼のブログからの引用である。

　ファイターズは06年からバントを多用しました。これが優勝に結びついたのですが、05年までにもバントを多用すれば優勝できていたかといえば、それは疑問です。
　06年には内外野とも守備がよく、抑え、セットアップとも確立できたことで終盤の逃げ切りができるようになりました。足の速い選手も増え、セカンドからワンヒットで得点できること、そして1点のリードでも逃げ切れる体制が取れたことで、バントが有効な作戦となったのです。
　05年までは走力のない選手が多く、バントではつながらない打線だったことや、また終盤における1点リードでの逃げ切り体制がとれていなかったのも事実です。
　このように同じチームでも、バントが有効であるかどうかは違ってきます。（白井一幸オフィシャルブログ『ナイストライ！』09年8月8日付）

　何も付け加える必要がないほど、当時のファイターズの状況と犠

打の位置づけを完璧に表現している。白井自身、現役時代はバント
の名手であり、その重要性は知り尽くしていた。しかし、その一方
で旧来の日本的な野球観にとらわれない感覚も持っていた。

これは現役引退後、ファイターズと業務提携を結んでいたニュー
ヨーク・ヤンキースに留学したときの経験が大きいのだろう。白井
はここでコーチングにとどまらず、ベースボール・マネジメントの
基礎も学ぶ。ヤンキースのマイナー球団の指導者だったヒルマンと
出会ったのもこの頃で、03年にヒルマンが監督に就任すると二軍
監督から昇格してヘッドコーチに就任した。

下に示したのは、その**03年以降のファイターズの打撃成績**である。

年度	出塁率	長打率	本塁打	犠打	盗塁	得点
2003	.338	.419	149	67	90	675
2004	.355	.455	178	51	45	731
2005	.310	.411	165	54	53	605
2006	.323	.418	135	133	69	567
2007	.312	.360	73	151	112	526
2008	.316	.366	82	173	79	533
2009	.343	.417	112	168	105	689
2010	.331	.386	91	180	102	612
2011	.304	.356	86	143	88	482
2012	.315	.363	90	161	82	510
2013	.326	.368	105	148	120	534
2014	.321	.379	119	172	134	593
2015	.330	.378	106	104	134	615
2016	.340	.385	121	178	132	619

積極的にスモール・ボールを展開した06年は、前年より38点も
総得点を減らしている。これだけをとっても、犠打が得点アップに

つながっていなかったのは明白だ。白井が語るように、この年はダルビッシュの成長や八木らの加入によって投手力が大幅に整備された。その結果少ない点でも守れるようになって勝利が増えたのであり、**スモール・ボールが優勝の直接の要因でなかったのは**、犠打が飛躍的に増えた07・08年に得点が伸びず、本塁打が30本増えた09年に156点もアップしたことでも証明される。栗山監督時代の5年間でも、犠打が最少の104回だった15年と最多の178回だった16年では4点しか差がない。

とはいえ、本塁打数が激減していた07〜08年に得点力の減り方がさほど酷くなかったことは、1点を大切にする姿勢を貫いたことと関係があったに違いない。長打の少ないチームが効率的に点を取るための手段として、バントが有用なのは確かだ。ただ、長打の期待できる打者にまでバントをさせるのは無意味であるというだけだ。

また、**スモール・ボール＝接戦に強いというのも必ずしも正確ではない**。例えば06年の日本ハムは1点差試合で22勝15敗（勝率.594）だったが、この年リーグ最少の57犠打だったロッテも同じく22勝15敗だった。03〜16年の間で、最も犠打が少なかった04年の1点差試合は13勝14敗、最も多かった10年は16勝16敗と、勝率にほとんど差はない。細かい野球、1点を疎かにしない野球が大切であるのは間違いないけれども、そうした概念にとらわれ過ぎず、手持ちの戦力によって作戦を使い分けるべきだ。

二軍監督の頃、白井はさまざまな角度から選手の意識改革に取り組んだ。特に重視したのは精神面で、それは前時代的な根性論とは対極に位置する、**ミスを咎めないポジティブ思考で好結果を導くメンタルトレーニング**だった。技術的には体を開かないツイスト打法を推進、作戦面では相手投手に多くの球数を投げさせる2ストライクアプローチを取り入れた。森本稀哲、田中賢介、高橋信二うはみな白井の二軍時代の教え子で、黄金時代の初期を形成する重要なメンバーとなった。一軍の監督こそ経験していないが、白井がファイ

ターズにもたらしたものは歴代の監督たちよりも大きなものがあったと思われる。

　白井と同様に、駒澤大学時代の先輩である石毛宏典も、引退後にロスアンジェルス・ドジャースに留学した経験がある。しかし、石毛のアメリカ野球に対する見解は白井とは正反対の否定的なものだった。駒大−西武といったエリートコースを歩んできた石毛にとっては、一見大雑把なアメリカ野球が物足りないものに映ったのだろう。しかしながら「アメリカに学ぶことなど何もない」という彼の姿勢と、「取り入れられるものは何でも取り入れよう」との白井の姿勢が、その後の日本での指導者としてのキャリアの違いを生み出した気がしてならない。現監督の栗山やファイターズという球団自体にも言えるが、**経験則に縛られない柔軟な思考**を持てるかどうかは、現実の試合における作戦や采配にも影響を与えるはずだ。

Decline Phase
〈半強制的な新陳代謝の是非〉

　現時点ではまだファイターズは衰退期に入っていないが、もしそうした時期を迎えるとしたら、その原因は何になるだろうか。

　ファイターズは現場を預かる監督に編成権がなく、完全にフロント主導でチーム作りを進めている、日本では異色の球団である。ＧＭは05年から07年まで**高田繁**、次いでスカウト出身の**山田正雄**を経て、現在は**吉村浩**が務めている。監督とＧＭの職掌が分離されているので、監督が代わるたびにチームの方針も変わるといった混乱が発生しない。次のシーズンに勝つことのみを目的とした場当たり的なドラフトやトレードもなく、**中長期的な計画のもとで補強・育成**が進められている。

　北海道移転後、ファイターズとは親会社を同じくするＪリーグ・セレッソ大阪の元球団社長だった藤井純一が球団社長に就任し、フロントの改革を進めた。この頃球団に加わったのが、デトロイト・

2000〜10年代　北海道日本ハムファイターズ　25

タイガースのフロント出身である吉村だった。メジャー・リーグで浸透し始めていたセイバーメトリクスの知識を生かした補強の重要性を認識していた彼は、現有戦力からアマチュア選手まで共通のフォーマットで評価するＢＯＳ（ベースボール・オペレーション・システム）を構築し、これが今もファイターズの編成の基盤になっている。

スカウトとして手腕を発揮し、現在はスカウト部長になっている**大渕隆**もこの時期に入社した。元新聞記者の吉村、高校教師出身の大渕ら、**プロ野球選手経験のない部外者が主導的立場にいる**のもまた異色である。大渕以外にも、日本ハムには元プロ選手ではないスカウトが何人もいて、二軍選手寮で生活指導を担当する教官も元高校教師だ。

そして二軍では、**獲得した新人に多くの出場機会を与え、試合を通じて成長を促す方針**が徹底されている。大学・社会人出身の選手はもちろん、高卒でも体力作りに時間を割くことはせず、どんどん実戦で鍛えられる。高卒１年目から100試合以上出場する選手も珍しくなく、現在主力になっている**中田・中島・西川遥輝・近藤健介**らも早いうちから経験を積んで戦力となった。

このシステムが機能し、ファームから優れた若手選手が供給され続ける限りは、衰退期はそう簡単には訪れないだろう。資金的に余裕のないファイターズでは、ＦＡ権を取得した高額年俸選手がしばしば流出する（というよりも球団がそれを促している）。こうして半強制的に新陳代謝が促されるのは、才能のある選手を埋もれさせないプラス面もある一方で、穴埋めする若手の質が退団した選手に及ばなければ、戦力の低下を招く。

幸い、これまでは小笠原の代わりに中田が入団、ダルビッシュと入れ替わりに大谷が入るといった具合に、中心となれる選手が入ってきた。だが15・16年と２年続けてドラフト１位指名のクジを外し、将来的なチームの核と考えていた好素材を取り損なっている。

17年オフには大谷のポスティングによるメジャー移籍が有力視されているだけでなく、中田や増井、谷元らの主力選手もＦＡ権を得る可能性がある。仮に彼らの多くが去るとすれば、一旦は下位へ後退するかもしれない。それでもまた2〜3年後に優勝争いができる状態に戻れるなら、日本ハムの育成システムは本当に優秀だと証明されるはずだ。

What would have happened if...
〈小笠原がＦＡで退団していなかったら？〉

　すでに述べたように、06年オフにＦＡとなった小笠原は巨人へ移籍した。条件は4年契約、総額15億2000万円で、ファイターズは補償金4億5600万円を受け取った。人的補償ではこの金額に見合う選手が取れるわけはないので、当然の選択だった。小笠原を失った07年も、ファイターズは貧打に悩まされながらリーグ2連覇を果たした。だが日本シリーズでは中日に敗れ、最終戦では継投による完全試合も食らった。もし小笠原が残留していれば、不名誉な記録を免れただけでなく、2年連続の日本一も可能だったかもしれない。

　一方でもし小笠原が残っていたら、その後黄金時代を継続できなかったのではないかとの見方もある。その根拠は年俸にある。残留交渉中、日本ハムが提示した条件は3年15億円だったと言われている。仮にこの条件を飲んでいたら、どのようなチーム構成になっていただろうか。

〈2007〜09年の小笠原の成績〉

	打率	本塁打	RC	年俸
2007	.313	31	111.5	5億
2008	.310	36	111.1	5億
2009	.309	31	98.6	5億

〈2007〜09年の日本ハム一塁手の成績〉

		打率	本塁打	RC	年俸
2007	稲田直人	.275	0	14.0	1200万
2008	高橋信二	.286	9	46.8	4300万
2009	高橋信二	.309	8	71.9	6600万

　まず07年は新庄（06年の年俸3億円）が退団しているので、小笠原の年俸アップ分（3億8000万円→5億円）を賄うには充分だった。巨人での小笠原の成績は打率.313、31本塁打、ＲＣ 111.5という素晴らしいもので、後任の一塁手だった稲田その他の選手は貧打に悩まされていたから、年俸分の価値は充分にあったはずだ。08年も小笠原のＲＣ 111.1は、主に一塁を守った高橋の2倍以上の数字だった。08年のファイターズは3位で優勝を逃したが、小笠原がいれば3連覇の可能性もあったかもしれない。少なくとも、戦力的には小笠原の退団は大きなマイナスだった。

　だが前記のように、ファイターズは小笠原のＦＡ退団による補償金を4億5600万円も受け取っていた。残留していれば補償金はなく、逆に5億円の年俸を支払うので差し引き約10億円の支出となる。これは相当大きな負担だ。しかも07年は、はるかに安い予算で優勝している。

　08年も、小笠原がいれば**ターメル・スレッジ**（年俸1億300C万円）を獲得する余裕はなかった。またこの年優勝を逃したことで、何人かの選手は戦力外通告、もしくはトレードになっていた可能性がある。実際に放出された**マイケル中村**だけでなく、08年に不振だった**金子誠、坪井智哉**あたりも09年にはいなかったかもしれない。

　小笠原がいればファイターズはより強いチームだっただろう。だが彼がいなくとも07年と09年はリーグ優勝できたし、スターの退団で観客動員が減ったわけでもない。結果が同じなら、投資額が少ないに越したことはない。小笠原が残留でなく巨人移籍を選んだの

は、結果的にみれば本人だけでなく、ファイターズにとっても損はなかった。

　これとほぼ同じことが、13 年に 2 対 3 のトレードでオリックスへ放出した**糸井嘉男**についても言える。前年に打率 .304、ＯＰＳ .814、ＲＣ 90.9 を記録していた主力選手の放出は驚きであり、ポスティングによるメジャー挑戦を訴えたのが原因とも言われた。実際にどのような意図でトレードになったのかはともかく、糸井はオリックスでも 4 年間でＲＣ 100 以上が 3 回と、日本ハム時代と同等の成績を残し続けた。放出要因の一つとして、すでに 31 歳の糸井は肉体的なピークを過ぎており、衰えが始まる頃だと球団首脳が判断したのであれば、それは計算違いだった。

　その間、日本ハムでは糸井に代わる右翼手の固定ができなかった。13 年に最も多く先発出場したのは 1 年目の大谷（45 試合）で、14 年も終盤に定着した西川の 52 試合が最多だった。15 年に新外国人として連れてきたジェレミー・ハーミッダは期待外れ、優勝した 16 年も近藤が 49 試合、岡大海が 30 試合など最後まで定まらなかった。

　しかしその一方で、糸井の代わりに獲得した**大引啓次**が 13・14 年は穴になっていた遊撃のポジションを埋め、その大引が 15 年にＦＡでヤクルトへ移籍すると、成長した**中島**が代わりを務め、盗塁王となりベストナインに選出された。また 14 年は主に右翼手として出場機会を得た**西川**も、同年に盗塁王、16 年はリーグ 2 位の打率 .314 で優勝に大きく貢献した。

　糸井がずっと残っていたら、遊撃は穴のまま放置されていたかもしれず、西川が打者として成長する時期が遅れていたかもしれない。また小笠原のケースと同様に、この 4 年間でオリックスが糸井に支払っていた年俸は合計 10 億 8000 万円に上り、同額を日本ハムが負担していたら、16 年に本塁打王となった**ブランドン・レアード**ら外国人選手の獲得などに支障を来した可能性もあった。

2000 〜 10 年代　北海道日本ハムファイターズ　29

後述するように、予算の枠が明確に設けられている日本ハムにとっては、年俸と成績のバランスは常に目を配っておく必要がある。糸井放出の目的が年俸抑制でなかったとしても、**中心選手の離脱が若手の成長と財政的な余裕を生み出し、球団経営の健全化**につながっているのは確かだ。

Conclusion

　資金は豊富でなくとも、ドラフトで獲得した若手選手を育てて勝つ日本ハムのチーム作りは、基本的には70年代の阪急や広島に近い。だがＦＡ制度の存在や、メジャー・リーグへの主力の流出が現実的な問題となる21世紀には、40年前とは根本的に異なる方法でなければ強さは維持できない。

　ファイターズと他球団の一番の違いは、育成や補強、年俸査定などのすべてをＢＯＳをもとにした精密なデータに基づいて、システマティックに遂行している点だ。**球団経営そのものだけでなく、選手の育成方法なども含めて、メジャー・リーグのスタイルを日本球界に移植して成功**している球団であり、ＧＭの吉村、ＧＭ補佐の木田優夫をはじめ、フロントにＭＬＢ経験者が多数在籍していることも、そうした手法を実現しやすくしている。

　もっともすべてがメジャー流というわけでもないのは、合理性を重んじるアメリカ人ではまず考えない大谷の二刀流を推進したことでも明らかだ。緻密なデータと斬新なアイディア、それに方針にブレのない意志の強さを併せ持っているのが強さの根源で、これは古い体質を残している球団には真似ようと思ってもなかなか難しいと思われる。

　07年以降、ファイターズの収支はほぼ毎年黒字を計上しているが、これは日本ハム本社からの広告宣伝費が30億円ほど流れ込んでいるからで、球団単体では赤字となっている。今後も勝ち続けていけば、当然年俸総額は高騰していく。巨人のように年間400万人

を動員できる球団ならともかく、本拠地の規模を考えればファイターズは 200 万人を大きく超えはしないだろう。入場料収入に限界があるなら、思うままに選手の給料を上げ続けるわけにはいかず、常に年俸と成績の均衡を図る必要がある。

　07 年のシーズン終了後、かつてのエース**金村暁**が阪神にトレードされた。交換柱手が一軍で大した実績のない中村泰広投手だったこともあり、一部のファンから非難の声も上がった。しかし、これは金村の年俸（07 年は推定 1 億 8000 万円）を整理するのが第一の目的だった。中村は一軍での登板がなく 1 年後に解雇されたが、金村も阪神では 3 年間で 1 勝 6 敗に終わった。金村の衰えを見極め、なおかつ年俸総額の引き下げに成功した見事なトレードだった。

　08 年も抑えの切り札である**マイケル中村**を巨人にトレードした。マイケルは 08 年の年俸が 1 億 5600 万円で、09 年も大幅昇給が予想されていた。しかしながら、年齢・成績などさまざまな条件を考慮すると、09 年以降は年俸に見合った成績を残せない可能性があると判断し、**工藤隆人**外野手ともども放出して、**二岡智宏**内野手と**林昌範**投手との交換に踏み切った。

　マイケルは巨人で 2 億円に昇給し、一方二岡は巨人時代の 2 億円から大幅減の 1 億 1000 万円で契約。これだけで差し引き 9000 万円の節約になった。二岡は故障の影響もあり、期待されたほどの数字は残さなかったが、林はリリーフ陣の一角を形成し、マイケルの後任の抑えもセットアップマンから転じた**武田久**が難なくこなした。マイケルが移籍後精彩を欠いたのも金村同様で、またしてもファイターズは戦力を落とさずに年俸総額を引き下げた。

　16 年オフの一連の人事も、こうした方針の延長線上にある。**吉川光夫**投手と**石川慎吾**外野手を巨人に放出し、**公文克彦**投手と**大田泰示**外野手を獲得した "格差トレード" は、吉川の働き（7 勝 6 敗 3 セーブ、ＰＲ－ 6.5）が 9500 万円の年俸に見合わず、さらには 2 年後にＦＡ資格を得る可能性があったのが大きな動機になっていた。

また、ＦＡ資格を得ながらも残留を希望していた**陽岱鋼**（年俸１億8000万円）に“卒業”を促したのも、同じ理由だったと考えられる。この２人の高額年俸を整理して、日本一になっても年俸総額を予算の範囲内に収めたわけだ。

　今後もこうした中心選手の切り売りは行なわれるだろう。ファンにしてみれば、功労者に冷たい仕打ちと映るかもしれないが、飛躍的に観客動員が増加でもしない限り、身の丈に合った球団経営のために必要なことである。資金面で限りのある他の球団にとっても、今後は**ファイターズの経営法が新しいスタンダードとなる**のではないだろうか。

2000～10年代
福岡ダイエー/ソフトバンク
ホークス

1995－2016（22年間）、Aクラス17回、優勝7回、日本一5回

資金力＝A＋
スカウティング＝A
育成力＝A
外国人選手＝B－
監督＝B

年度	監督	順位	勝利	敗戦	引分	勝率	ゲーム差
1995	王貞治	5	54	72	4	.429	26.5
1996	王貞治	6	54	74	2	.422	22.0
1997	王貞治	4	63	71	1	.470	14.0
1998	王貞治	3	67	67	1	.500	4.5
1999*	王貞治	1	78	54	3	.591	—
2000	王貞治	1	73	60	2	.549	—
2001	王貞治	2	76	63	1	.547	2.5
2002	王貞治	2	73	65	2	.529	16.5
2003*	王貞治	1	82	55	3	.599	—
2004	王貞治	2	77	52	4	.597	
2005	王貞治	2	89	45	2	.664	
2006	王貞治	3	75	56	5	.573	
2007	王貞治	3	73	66	5	.525	6.0
2008	王貞治	6	64	77	3	.454	12.5
2009	秋山幸二	3	74	65	5	.532	6.5
2010	秋山幸二	1	76	63	5	.547	—
2011*	秋山幸二	1	88	46	10	.657	—
2012	秋山幸二	3	67	65	12	.508	6.5
2013	秋山幸二	4	73	69	2	.514	9.5
2014*	秋山幸二	1	78	60	6	.565	—
2015*	工藤公康	1	90	49	4	.647	—
2016	工藤公康	2	83	54	6	.606	2.5

（＊は日本シリーズ優勝）

1950〜60年代、鶴岡一人監督の時代は強豪チームの代名詞だった南海ホークスは、77年を最後に野村克也監督が解任されてから一気に転落の道をたどった。それまでの32年間、借金10以上が一度しかなかったチームが、その後20年間は逆に勝率5割以上の年が一度しかないほどまでに落ちぶれたのである。89年に**南海からダイエーに経営母体が変わり、大阪から福岡へ本拠地を移して再出発**を切ったが、なかなかチーム状態は上向かなかった。そんなホークスを根本的に変えたのが、93年に監督に就任した**根本陸夫**の手腕だった。

根本は強引と思われる手段も使いながら、徐々にチームの改革を進めた。それが結実したのが、**王貞治**を監督に迎えて5年目の99年。26年ぶりのリーグ優勝を果たしただけでなく、日本シリーズでも中日を下し35年ぶりの日本一に輝いた。

以後、ホークスはパ・リーグの優勝争いの常連となった。2000年の日本シリーズでは王と長嶋のON対決が実現し、03年には阪神を下して福岡時代では2度目の日本一。05年に**ダイエーが撤退し、ソフトバンクが親会社**となってからも、08年と13年を除いて毎年確実に上位をキープし、3度の日本一を付け加えている。

Impressive Rookies
〈衰え知らずの根本の豪腕〉

根本の手腕は**新人選手の獲得**において最も発揮された。西武時代に得意としていたドラフト外入団の制度はなくなっていたが、93年から逆指名制度が施行されると、目玉候補の一人だった**小久保裕紀**（青山学院大）に2位指名に回ることを了承させ、渡辺秀一（神奈川大）の1位指名を取りつけた。これが巨額の契約金を背景にしたものだったことは、のちに渡辺と小久保が合計5000万円を超える脱税容疑で告発された事件によっても間接的に証明された。

94年のドラフトでは、根本はさらに他球団を仰天させる凄腕を

発揮する。この年の高校生ナンバーワン捕手でありがら、駒澤大への進学が決定的と見られていた**城島健司**（別府大付属高）を1位で指名したのだ。当然密約説が取り沙汰され、その真相は不明であるが、城島は進学をとりやめホークスと契約した。

　さらに96年は、この年最大の目玉だった**井口忠仁**（青山学院大）を巨人・中日との逆指名競争に打ち勝って獲得。井口はホークス入団を決めた理由について先輩の小久保の存在を挙げたが、のちにメジャー・リーグへの移籍を認める約束が結ばれていたことが明らかになる。この年は3位でも、上位候補だった**柴原洋**（九州共立大）に「ダイエー以外の球団には行かない」と事実上の逆指名をさせ、まんまと獲得した。次頁の表に出ている選手のうち、**柴原・山村・新垣・馬原の4人が九州共立大の出身**で、同大はホークスの重要な供給源となっていた。

　小久保の例と同様「目玉選手に2位指名を了承させ、1位で別の目玉を取る」芸当を根本は得意としていた。**逆指名制度**は、アマチュア選手に絶大な人気があった巨人が有力選手をかき集めるために強引に導入したのだが、実際は**巨人以上にホークスが得をした**。それもこれも、すべては根本の衰え知らずの補強術によるものだった。

　99年に根本が故人となったあとでも、その手法は引き継がれた。2000年はこの年のナンバーワン投手と言われた山田秋親（立命館大）が2位で、巨人が熱心に獲得に動いていた山村路直を1位で確保。山田に関しては、父親が週刊誌に「契約金は6億円」と洩らしたとの報道もあり、真偽は定かでないが、やはり相当な裏技を駆使していたことが窺える。

　01年の**杉内俊哉**（三菱重工長崎）も、当然逆指名でなくては獲得できないクラスの投手だったが「ダイエー以外は拒否」の奥の手で3位（2位指名権がなかったので実質的には2位）で入団させ、1位では高校ナンバーワン投手の**寺原隼人**を指名した。02年も同じ手法で**和田毅**（早稲田大）と**新垣渚**を獲得している。

こうした様々な手法を駆使して、根本はホークスの戦力を飛躍的に向上させていった。その手法に対しては批判もあったし、2000年の山村・山田コンビのように、アマ時代の実力をプロでは出せなかった例もあった。だが、全体的に見れば成功率はかなり高率だった。

〈ホークスが獲得した主な目玉選手（逆指名／自由枠制度時代。★は逆指名、*は2016年時点で現役）〉

年度	選手	順位	通算成績（MLB時代は含まず）
1993	渡辺秀一	1位★	27勝30敗、防御率3.89
	小久保裕紀	2位★	打率.273、413本塁打、1304打点
1994	城島健司	1位	打率.296、244本塁打、808打点
1996	井口忠仁*	1位★	打率.271、249本塁打、1002打点
	松中信彦	2位★	打率.296、352本塁打、1168打点
	柴原洋	3位	打率.282、54本塁打、463打点
1999	田中総司	1位★	0勝0敗、防御率5.40
2000	山村路直	1位★	2勝2敗、防御率3.58
	山田秋親	2位★	16勝11敗、防御率4.76
2001	寺原隼人*	1位	70勝78敗23S、防御率3.87
	杉内俊哉*	3位	142勝77敗、防御率2.95
2002	和田毅*	自由枠	122勝66敗、防御率3.12
	新垣渚*	自由枠	64勝64敗、防御率3.99
2003	馬原孝浩	自由枠	23勝31敗182S、防御率2.83

Important Newcomer
〈ＦＡの活用〉

ホークスに仕事場を移した根本がまず手をつけたのは、チームを覆う負け犬意識を一掃することだった。一筋縄ではいかなかった。何しろ野村時代の最終年、77年を最後に15年以上もＡクラスにすら入っていなかった球団である。

西武での１年目に田淵幸一や山崎裕之を獲得したのと同じように、根本はダイエーでも大きなトレードをまとめた。93年オフ、エースの**村田勝善**、リリーフ左腕の**橋本武広**、そして92年の首位打者でチームの顔でもあった**佐々木誠**を古巣の西武へ放出。代わりに手に入れたのはローテーション投手の**渡辺智男**、中継ぎ要員の**内山智之**、そして西武黄金時代の主砲だった**秋山幸二**の３人だった。

　このトレードの主眼は戦力的なことよりも、勝つ味を知っているライオンズの血をホークスに注入する点にあった。負け癖の染み付いていたチームに、優勝を常に意識して戦ってきた選手を加えることで、チーム全体の意識改革につなげようとしたのである。この年は他にも岸川勝也を巨人に出して吉田修司を獲得するなど，合計22選手が動く大幅な血の入れ替えが行なわれた。

　秋山は、移籍後はライオンズ時代ほどの成績は残せなかったが、チームの精神的な支柱となった。94年にホークスは福岡移転後初めて勝率５割を突破し、トレードの成功を印象づけた。

　この年から導入されたＦＡ制度も最大限に利用した。まず地元福岡出身の**松永浩美**を獲得。前年は阪神にいた松永は、それ以前は阪急・オリックスの中心打者で、パ・リーグの野球を知り尽くしていた。95年に**石毛宏典**、96年は**工藤公康**と、西武の主力選手をＦＡで入団させたのも、秋山の獲得と同じ意図だった。工藤は自身を招いた根本の真意が「西武で培った勝負の厳しさを他の選手に叩き込んでほしいという期待があったはず」と捉えている。

　石毛はすでに衰えがひどく、松永も活躍したのは１年だけだったが、工藤は投手陣のリーダーとなっただけでなく、５年間で３度の２ケタ勝利を挙げ、在籍中のＰＲは合計53.0。99年には防御率2.38で１位となり、ＭＶＰも受賞している。工藤や96年に日本ハムから移籍してきた**武田一浩**らは、城島を捕手として教育する教師役も務めた。こうした選手たちが勝利の味をチームに植えつけ、ホークスは万年下位球団から強豪へ脱皮していった。

後述するように、親会社のダイエーが経営不振に見舞われて2000年代前半はＦＡ選手の獲得がなくなり、逆に流出するほうが多くなる。だがソフトバンクの買収後は再び資金に余裕が生まれ、ＦＡの獲得も再開された。07年には巨人へ移っていた**小久保**が復帰し、11年に加入した**内川聖一**はずっと主力として活躍を続けている。

　下の表にもあるように、工藤と内川以外のＦＡは移籍後にそれほど好成績を残してはいない。一軍で8年以上フルに出場しないと資格が得られないので、選手としてのピークを過ぎている場合が大半なのだから、これは当然とも言える。それでも資金力に恵まれている球団にとって、交換要員を必要としない（補償で選手を取られる場合はあるけれども）ＦＡは、補強の方法としては効率的だ。

〈ホークス入団後のＦＡ選手の成績〉

年度	選手	前所属	成績	ＰＶ
1994	松永浩美	阪神	打率.267、15本、92打点	-2.2
1995	工藤公康	西武	49勝37敗、防御率3.18	53.0
	石毛宏典	西武	打率.189、1本、12打点	-8.9
1997	田村藤夫	日本ハム	打率.240、0本、2打点	-1.1
1998	山崎慎太郎	近鉄	2勝4敗、防御率9.13	-14.1
2005	大村直之	近鉄	打率.294、17本、161打点	-17.8
2007	小久保裕紀	巨人	打率.265、92本、369打点	0.8
2011	内川聖一	横浜	打率.307、85本、481打点	77.1
	細川亨	西武	打率.184、14本、106打点	-46.5
2012	帆足和幸	西武	15勝9敗、防御率4.58	-21.3
2013	寺原隼人	オリックス	15勝15敗、防御率4.18	-14.3
2014	中田賢一	中日	27勝17敗、防御率3.60	0.3
	鶴岡慎也	日本ハム	打率.226、3本、35打点	-16.6

Management/Strategy
〈王の理想の攻撃野球〉

　ホークスの監督として3度のリーグ優勝を果たす以前、巨人時代にも王は優勝を経験している（87年）。セ・パ両リーグで優勝した監督は、三原脩・水原茂・広岡達朗・野村克也に次いで5人目となる偉業だった。

　王以前の4名が、球史に残る名監督であることに異論はあるまい。では、王はこれらの名将たちと肩を並べるだけの指揮官なのだろうか。下の表は**ホークス監督時代の王の予想勝率**である。

年度	試合	得点	失点	勝率	予想勝率	差	勝	敗
1995	130	492	580	.429	.418	.011	54	72
1996	130	551	565	.422	.487	-.065	54	74
1997	135	587	610	.470	.481	-.011	63	71
1998	135	546	596	.500	.456	.044	67	67
1999	135	563	553	.591	.509	.082	78	54
2000	135	630	584	.549	.538	.011	73	60
2001	140	741	684	.547	.540	.007	76	63
2002	140	630	578	.529	.543	-.014	73	65
2003	140	822	588	.599	.662	-.063	82	55
2004	133	739	651	.597	.563	.034	77	52
2005	136	658	504	.664	.630	.034	89	45
2006	136	553	472	.573	.579	-.006	75	56
2007	144	575	508	.525	.562	-.037	73	66
2008	144	556	641	.454	.429	.025	64	77
		8643	8114	.532	.532	.000	998	877

（06年は森脇浩司代行を含んだ数字）

　王の通算予想勝率は.532で、現実の勝率.532とまったく変わら

ない。これを見る限りでは、王は名将とまでは言えなくとも決して凡将ではなく、前記の4監督の中では野村の＋.006に次ぎ、広岡（±0）と並ぶもので、三原（－.011）や水原（－.039）を上回っている。

　目立っているのは99年で、得失点差は＋10だったのに、24の貯金を作って優勝に導いた。予想勝率では67勝の計算だったのが、現実には11勝も多かった。運に恵まれた部分もあったはずだが、チームを預かって5年目、ようやく自分が思い描いていたようなチームに仕上がり、采配もよく当たっていたとも解釈できる。

　プロ野球史上最高の打者だった王は、監督となってからも基本的に攻撃的な野球を好んだ。2000年から6年連続で得点は600の大台を超え、03年にはチーム打率.297、822得点、4人が100打点以上を稼ぐ驚異的な打線が完成した。7月29日のオリックス戦ではプロ野球記録の32安打、リーグ新記録の26点。その5日後の同カードでは31安打で29点を奪い記録を更新、28点差もリーグ新記録となった。9月14日ではまたもオリックス戦で20得点、年間4度目の20点以上はこれまた新記録となった。

　一方で、投手陣は福岡での初優勝となった99年でも防御率3.65は4位。やっと2003年になって3.94で1位となったが、王監督時代に1位だった年は、他には07年だけだった。

　15年に外野フェンス前にホームランテラスを設け、本塁打が出やすくなるまで、広大な福岡ドームは投手に有利な球場だった。それでいてこの数字は、ホークスの強さが基本的に攻撃力に支えられていた証拠だ。「九州らしい豪快な野球、攻撃を前面に出した華々しい野球を目指してやってきました。ここぞというときにホームランが出て派手に打ち合って勝利する、また投手でもどんどん三振に打ち取っていける、そんな野球が、九州の人たちの気質に合うと思います」（「ホークス九州20年史」）という王の理想が具現化されたチームが、2000年代のホークスだったのだ。

Key Player
〈強打の捕手・城島〉

　黄金時代を築いたチームの多くは、優秀な捕手が在籍していた。**城島健司**を擁したホークスもその例に漏れない。

　甲子園出場経験のない城島は、一般の野球ファンにはそれほど知られた存在ではなかったが、スカウトの間では評判の選手だった。大学進学の方針を打ち出していなければ、ダイエーも単独指名はできなかったろう。城島と駒大、ホークスの間にどのような約束があったのか、あるいはなかったのかはこの際どうでもよく、肝心なのは城島がその素質を開花させ、史上有数の捕手に成長した事実だ。

　捕手は一旦一人前に育ててしまえば、10年以上は安泰なポジションである。送球の際のバックアップなどを除けば、守備でカバーすべき範囲はそれほど広くはない。したがって遊撃手や中堅手のように俊足である必要はなく、多少身体能力が衰えても務まる。野村克也、中嶋聡、谷繁元信らは監督やコーチを兼任しながら、40代半ばまで現役を続けた。

　しかも城島のように、**打撃面で極めて優れた捕手はなかなか出てこないものだ**。下に示したように、2リーグ分立以降ＰＡＲＣでリーグ5位以内に複数回入った捕手は8人しかいない。

	球団	年度	回数
土井垣武	毎日	1950,52	2回
野村克也	南海	1957-68,70-73,75	17回
木俣達彦	中日	1969-72,74	5回
田淵幸一	阪神	1972-76	5回
古田敦也	ヤクルト	1991-93,95,97,2003	6回
吉永幸一郎	ダイエー	1993-94,96	3回
城島健司	ダイエー	1999,2003-05	4回
阿部慎之助	巨人	2002,04,07,09-13	8回

城島の前の正捕手だった**吉永**も、ＰＡＲＣで３回もトップ５に入るほど打力に優れていて、のちに一塁へコンバートされた。もし城島が捕手として成長しなければ、打撃を生かす意味でも他のポジションに転向する可能性はあった。実際、城島は入団してからしばらくの間は、捕手としての資質に疑問符がつけられていた。野村は「城島は目立ちたがりだから捕手向きではない」と事あるごとに言っていたが、縁の下の力持ちに甘んじるタイプでは確かになさそうだ。

三塁へのコンバートが検討されたこともあったが、結局は捕手として起用され続けた。バッテリーコーチの**若菜嘉晴**や97年に移籍してきた**田村藤夫**の指導を受け、また**工藤**や**武田**らのベテラン投手たちに叱咤激励され、城島は守備面でも評価される捕手となった。

99年からは**7年連続でゴールデングラブ賞を受賞**し、これは捕手としては最長記録となっている。ただしこの間、**防御率**が１位だったのは03年だけ。投手自身の力量が大きくものを言うとはいえ、客観的なデータから見る限り、リードが優秀だったとは言い難い。だが**盗塁阻止率**は01年から４年連続１位、02年は５割を超える高率を記録した。仮に投手リードが並み以下だったとしても、肩とバットでマイナス分を取り返していたはずだ。

〈99〜2005年の城島の盗塁阻止率とチーム防御率〉

年度	盗塁阻止率	順位	防御率	順位
1999	.328	5位	3.65	4位
2000	.372	2位	4.03	2位
2001	.380	1位	4.49	4位
2002	.508	1位	3.86	5位
2003	.422	1位	3.94	1位
2004	.452	1位	4.58	4位
2005	.397	2位	3.46	2位

Decline Phase
〈一向に育たない捕手〉

　黄金期を迎えたホークスは、思わぬ形で危機に見舞われた。**親会社ダイエーの経営の急速な悪化**である。

　流通業界で大成功を収めたダイエー創業者の中内功は、一時は経営の神様とまでもてはやされた。だがバブル崩壊の影響もあり、ダイエーは90年代後半になって赤字に転落した。このような状況で、当然ホークスも皺寄せは免れなかった。

　2000年オフにはＦＡとなった**工藤**を引き止めず、巨人への流出を許した。当初残留するつもりだった工藤だが、当時の球団社長との確執もあって移籍を決意した。球団側としては、1億5000万円からの大幅増が予想される工藤との再契約が、経営的に難しいとの判断もあった。次いで2002年オフには、**井口資仁**が自由契約となってメジャーへ移籍する。入団当時、井口には一定年数を経たのちにメジャー挑戦を認める約束になっていたと噂されたが、これでまた井口の年俸（推定1億円）が浮いた。

　04年オフは主砲の**小久保裕紀**が異例の"無償トレード"で巨人へと移籍する。なぜわざわざ無償と発表しなければならなかったのか、表面的にだけでも金銭トレードとは発表できなかったのかは不可解だが、ともかくこれでホークスは小久保の年俸（推定2億1000万円）を浮かせた。そして05年オフは**城島**がＦＡ権を取得し、メジャーへ移籍する。このときには既にソフトバンクが経営母体になっていたので、ダイエーの経営難／年俸抑制策とは関係ないが、03年オフにＦＡでオリックスに移った**村松有人**を含め、6年間で5人の主力が抜けた。

　この中では、城島の離脱が最も響いた。すでに述べたように、捕手はすべてのポジションの中で、最も後継者を探すことが難しいからだ。次の表は、06年以降城島が引退した12年までの**ホークス捕手陣の打撃成績**である（捕手以外のポジションで出場した試合も含

む）。

年度		打率／本塁打／打点	ＲＣ
2006	山崎、的場、田上、領健	.227/ 4/58	47.3
2007	山崎、田上、的場、高谷	.221/ 9/37	43.5
2008	高谷、山崎、田上、的山、的場	.203/ 7/42	38.6
2009	田上、山崎、高谷	.243/ 26/87	67.4
2010	田上、山崎、高谷、堂上	.203/ 9/44	35.2
2011	細川、山崎、高谷、田上、清水	.201/ 2/37	27.5
2012	細川、山崎、高谷、田上	.182/ 2/25	24.2

　当初正捕手として期待されていたのは、2000年に入団した的場直樹だった。明治大で活躍し、オリンピック出場経験もあって守備力を買われての起用だったが、06年は82試合で打率.146にとどまる。併用されていた山崎勝己も打率.229と、的場より少しはましな程度だった。

　07年は山崎がメインで起用されるが打率1割台、08年の高谷裕亮も打撃面で課題を克服できなかった。09年は田上秀則が26本塁打、80打点の好成績を残したが1年だけの狂い咲きに終わり、11年に西武からＦＡで加入した細川亨も、守備はともかく打撃はマイナスでしかなく、11・12年の捕手陣は全員合わせてＲＣ30に満たなかった。城島退団後のホークス捕手陣は、09年の田上を例外として、誰一人として一軍での起用に耐えうる打力がなかったのだ。

　こうした状態となったのは、城島に代われる捕手を育成していなかったためである。99・2001・03年の3回城島はフル出場しており、故障しない限りは全試合に先発していた。実戦での経験が成長に欠かせない捕手は、城島レベルの絶対的存在がいると育成の機会が与えられないため、正捕手が抜けた途端に急激に戦力が落ちてしまう。伊東勤の引退後の西武、古田敦也が衰えた後のヤクルト、古くは野

村が移籍した南海も同じ状態に陥った。**ホークスも同じ轍を踏んで**しまったわけだ。

　チーム防御率は城島の退団以降むしろ良くなっていて、リードを含めた守備面ではある程度は補えていた。城島を失った影響はほとんどすべて打撃面にあり、繰り返しになるが、打てる捕手がどれほど貴重な存在であるかを示している。

　ソフトバンクが買収してからは財政状態が改善されたため、主力選手の離脱に歯止めはかかった。小久保も07年にＦＡで復帰し、11〜14年には内川ら5人がＦＡで加入した。こうして王政権最後の08年には最下位に転落しながら、その後すぐ優勝戦線に戻り、長期の低迷を招かずに済んでいる。

　しかし捕手だけは、細川や鶴岡慎也をＦＡで入団させても、打力が弱すぎてなお定着に至っていない。ドラフトでも05年の高校生ドラフト1位で荒川雄太（日大高）、10年の1位で山下斐紹（習志野高）、14年も2位で栗原陵矢（春江工）を指名しているが、一軍の正捕手争いに加わるレベルまで成長できておらず、**ソフトバンク帝国の唯一のアキレス腱となり続けている**。逆に言えば、もしこの点さえ解消できたなら、ホークスのリーグ支配はより強固になるのも間違いない。

What would have happened if...
〈プレーオフがなかったら？〉

　04年からパ・リーグはプレーオフ制度を復活させた。73〜82年まで行なわれていたプレーオフは、1シーズンを前・後期に分け、それぞれの勝者が対決するものだったが、今回は1シーズン制のまま。レギュラーシーズン上位3位までがプレーオフに進み、2・3位がまず対戦、その勝者とシーズン1位のチームが戦って優勝を決めるようになった。

　03年に日本一となったホークスは、**04年もレギュラーシーズン**

は **77 勝で 1 位**。前年までならこの段階で日本シリーズに進めたが、この年からはプレーオフの第 1 シードに過ぎなくなった。そして 2 位から勝ち上がってきた西武に 2 勝 3 敗で敗れ、**優勝を逃がしてしまう。**

　続く **05 年もまた、レギュラーシーズンでは 1 位でありながら**プレーオフでは 2 位のロッテに 2 勝 3 敗で敗れる。**2 年連続でレギュラーシーズン 1 位のチームが敗退**したことから、06 年は第 2 ステージ（決勝シリーズ）で、1 位通過のチームに 1 勝のアドバンテージが与えられた。

　ところが今度は、これがマイナスに働いた。06 年のレギュラーシーズン 1 位は日本ハムで、ホークスは 3 位。アドバンテージを生かせなくなったのである。2 位の西武を倒して第 2 ステージに進んだはいいが、日本ハムに 2 連敗して 3 年連続で優勝できなかった。

　06 年はともかく、プレーオフ制度が導入されていなかったら、04・05 年はそのままホークスのリーグ優勝となっていた。03 年から 3 連覇、**99 年からだと 7 年間で 5 回優勝**していたはずなのだ。それまでに 7 年間で 5 回リーグ優勝したのは巨人・阪急・西武の 3 球団しかなく、ホークスもこれに加わっていれば、史上屈指の強豪チームと認められていただろう。なおホークスは 10 ～ 11、14 ～ 15 年も優勝したので、16 年に優勝していれば今度こそ 7 年間で 5 度目となっていたが、2 位に終わっている。

　07 年にクライマックスシリーズ（ＣＳ）と名称が変わってからも、**10 年は三たびレギュラーシーズン 1 位（優勝）**でありながら、ＣＳのファイナルステージでロッテに**下剋上を食らって**しまった。04 年以降 11 回プレーオフ／ＣＳに出場しているホークスだが、通算成績は 26 勝 29 敗で負け越している。

〈ホークスのプレーオフ／クライマックスシリーズでの結果〉

年度	レギュラーシーズン成績	順位	プレーオフの勝敗	結果
2004	77-52-4	1位	2-3	第2ステージ敗退
2005	89-45-2	1位	2-3	第2ステージ敗退
2006	75-56-5	3位	2-3	第2ステージ敗退
2007	73-66-5	3位	1-2	第1ステージ敗退
2009	74-65-5	3位	0-2	第1ステージ敗退
2010	76-63-5	1位	3-4	ファイナル敗退
2011	88-46-10	1位	4-0	ファイナル優勝
2012	67-65-12	3位	2-5	ファイナル敗退
2014	78-60-6	1位	4-3	ファイナル優勝
2015	90-49-4	1位	4-0	ファイナル優勝
2016	83-54-6	2位	2-4	ファイナル敗退

（※勝敗はアドバンテージを含む）

　プレーオフ／ＣＳに関しては、レギュラーシーズンの価値を下げるものだとの批判があって、オールドファンほど抵抗があるようだ。10年は3位でＣＳに進出したロッテが勝ち抜いて日本一になり、ここ数年のセ・リーグでは勝率5割に満たないチームが進出するなど、問題点があるのは否定できない。

　だが、プレーオフ／ＣＳが消化試合を劇的に減らした効果については認めざるを得ないだろう。これまでは1チームが独走した場合、2位以下の球団は早い段階で意味のない試合を戦うことになった。しかし、3位までに入れば日本シリーズ進出の可能性が出てきたため、3位以内だけでなく4位以下でも、ゲーム差があまり離れていないチームは熱を入れて残り試合を戦う。これによって、ほとんど消化試合と呼べる試合はなくなった。

　パ・リーグにとってプレーオフ／ＣＳの恩恵が大きかったのは、観客動員数でも明らかだ。実数発表になった05年には、リーグ全

体の動員数は 825 万 2042 人だった。それが 10 年後の 15 年には 1072 万 6020 人と 250 万人近くも増えた。

　その理由のすべてがプレーオフ／ＣＳにあるわけではなく、各球団のファンサービスの取り組みが実を結んだ面もあるだろう。だがこれに加えて、プレーオフ／ＣＳ単体でも、下の表が示すようにレギュラーシーズンの 1.48 倍の観客を集めていて、進出した球団にさらなる収入をもたらしている。

〈プレーオフ / クライマックスシリーズの観客数〉

年度	試合	観客数	平均	レギュラー シーズン平均	比率(%)
2005	7	226,699	32,386	20,226	160.1
2006	5	172,629	34,426	20,905	164.7
2007	8	300,542	37,568	20,941	179.4
2008	7	177,166	25,309	22,118	114.4
2009	6	198,345	33,058	22,471	147.1
2010	8	278,345	34,793	22,762	152.9
2011	5	193,060	38,612	22,634	170.6
2012	6	182,792	30,465	22,175	137.4
2013	7	197,715	28,245	22,790	123.9
2014	9	297,805	33,089	23,709	139.6
2015	6	226,675	37,779	25,002	151.1
2016	7	259,490	37,070	25,950	142.9

　3 度もレギュラーシーズン 1 位／優勝をフイにされたホークス・ファンにとっては、ＣＳ制度は納得がいかないかもしれない。けれども短期決戦で勝者を決めるのは日本シリーズも同じであって、日本シリーズはいいけれどもＣＳは良くないという理屈は成り立たない。真に価値があるのは 6 カ月間のペナントレースを戦って勝ち得

たリーグ優勝であり、日本一の称号は "おまけ" であるという認識を持っていれば、不公平感も薄れるのではないか。

Conclusion

　ホークスが黄金時代を作ることができたのは、戦力的には根本の力が大きかったのは言うまでもない。旧西武の秋山・石毛・工藤らを獲得し、まずチームカラーを塗り替えた。さらにビッグネームの王を監督に据えて、マイナー球団のイメージを払拭した。戦略と資金をふんだんに注ぎ込んで、小久保・井口・城島らアマチュアの有力選手をかっさらい、チームの軸を作った。こうした方法自体は基本的に西武時代と同じであり、目新しいものではない。ライオンズと正反対だったのは、**地域密着のチーム経営を掲げて成功**した点にある。

　福岡は 50 年から 78 年までライオンズの本拠地だった。三原監督時代に数多くの個性的なスーパースターを擁し、頂点を極めた西鉄ライオンズは、その後は黒い霧事件に巻き込まれるなど、苦難の時代を経て埼玉へ去っていった。

　その福岡に、南海を買収したダイエーは大阪から本拠を移した。当初は根強いライオンズ・ファンが残っており、チームが弱かったこともあってホークスが受け入れられるには多少の時間を必要とした。だが一旦根づいてからは、福岡市民および九州各県のプロ野球ファンは、熱心なホークス支持者となってチームを支えた。

　これは球団買収当初から、フランチャイズの重要性を認識し、地元に受け入れられるチームを目指してきた球団の勝利であった。福岡ドームが開場した 93 年に 200 万人を突破した観客動員数は、2001 年に 300 万人の大台に乗った。実数発表に切り替えられた 05 年は 211 万人まで減ってしまったが、15 年には 250 万人まで盛り返し、**16 年まで 24 年連続でリーグ 1 位**を記録している。

　こうして球団単体でも大きな利益を生み出しているだけでなく、

05 年から親会社になったソフトバンクのオーナー孫正義は、世界有数の資産家（16 年の『フォーブズ』誌世界資産家ランキングで 82 位、日本人では 2 位）で、その無尽蔵とも思える資金力を球団に投下している。12 年には福岡ドームを 870 億円で買収、16 年にはファームの専用球場として、総工費 50 億円をかけて一軍球場並みの設備を誇るタマスタ筑後を完成させた。**選手に支払っている年俸総額も、16 年には巨人を抜いてナンバーワンになった**。日本ハムの経営法が「適切な投資額で最大の効果を得る」であるのと対照的に、ホークスは「大資本を元手にしてさらに大きな利益を得る」ことを目指している。

　そうした資金は FA 選手や大物外国人の獲得だけでなく、自前で若い選手を鍛えるためにも振り向けられている。育成選手は 16 年だけで 21 人を抱え、三軍も 59 試合を行なって実戦経験を積ませている。選手層の厚みは間違いなく球界最高で、強さを維持できる要因になっている。ホークスに対抗すべく、楽天やオリックスも三軍構想を打ち出すなど、**ホークスは巨人に代わる球界のトレンドセッターとなりつつある**。豊富な資金力で無軌道に選手をかき集めるのではなく、**しっかりした育成力を兼ね備えている点がホークスの強み**で、V9 巨人や根本時代の西武に匹敵する長期の黄金時代を形成できているのも納得がいく。

　21 世紀に入って、プロ野球は大きな構造変換を遂げた。ホークスに続いてファイターズが札幌へ、新生イーグルスが仙台で、それぞれ地元密着型の球団として成功し、パ・リーグ全体の人気を押し上げているが、これもホークスの福岡移転という成功体験があったからである。成績以上にホークスが成し遂げた業績は、プロ野球に大きなプラスをもたらしたのだ。

1990年代
ヤクルトスワローズ

1990－98（9年間）、Aクラス5回、優勝4回、日本一3回

資金力＝B
スカウティング＝B
育成力＝A
外国人選手＝A＋
監督＝A＋

年　度	監督	順位	勝利	敗戦	引分	勝率	ゲーム差
1990	野村克也	5	58	72	0	.446	30.0
1991	野村克也	3	67	63	2	.515	7.0
1992	野村克也	1	69	61	1	.531	―
1993 *	野村克也	1	80	50	2	.615	―
1994	野村克也	4	62	68	0	.477	8.0
1995 *	野村克也	1	82	48	0	.631	―
1996	野村克也	4	61	69	0	.469	16.0
1997 *	野村克也	1	83	52	2	.615	―
1998	野村克也	4	66	69	0	.489	13.0

（＊は日本シリーズ優勝）

50 年のセ・リーグ結成と同時に加盟した国鉄スワローズは、大エース金田正一を擁しながらも長い間弱小球団のままだった。最初の 27 年間でＡクラス入りしたことさえ、3 位に 2 度入っただけ。優勝争いなどは夢のまた夢だった。

　経営母体も**国鉄**から**産経新聞社**、ついで**ヤクルト**へと移り、チーム名も一時はアトムズを名乗った。初めてリーグ制覇を成し遂げたのは結成 29 年目の 78 年、セ 6 球団の中で最も遅かった。この年は阪急を倒して日本シリーズも制覇したが、翌 79 年途中、フロントと対立した広岡達朗監督が退陣すると再び弱小球団へ逆戻り。80 年代後半には池山隆寛遊撃手、広澤克己一塁手 / 外野手、そして長嶋一茂三塁手ら、若く明るいキャラクターの球団として人気を集めたものの、相変わらず下位に低迷していた。

　89 年秋、**野村克也**を新監督として迎えると発表された際、ファンの反応は否定的だった。スワローズの家庭的で明るいチームカラーに、辛気臭い印象のあった野村は水と油だと受け止められたのである。だが、野村政権はスワローズ球団史上最高の時期となった。就任初年度こそ 5 位に終わったが、翌 91 年は 3 位に上昇し 11 年ぶりのＡクラス。そして 92 年は阪神との激闘を制して、14 年ぶり 2 度目のリーグ制覇。93 年も連覇を果たし、日本シリーズでも西武を倒して 2 度目の日本一になった。

　その後も 95 年はオリックス、97 年にも西武を破って 3 度の日本一を達成した。野村監督時代の 9 年間はＢクラスも 4 回と、いささか浮き沈みはあったとはいえ、**90 年以降 3 回日本一になったのは、セ・リーグではヤクルトと巨人だけである。古田敦也**、**高津晋吾**ら主力選手は球界随一の人気選手となり、監督の野村までもがその独特のキャラクターで話題を集めた。野村退任後の 2001 年も**若松勉**監督の下で優勝を果たすなど、野村の遺産によってヤクルトは 2000 年代前半まで強豪の座を保ち続けた。

Impressive Rookies
〈酷使で潰れた伊藤智仁〉

　野村時代には数多くの優秀な新人選手が現れた。就任1年目の90年は、投手ではドラフト1位で入団した**西村龍次**が10勝を挙げ、2位指名の**古田**が正捕手となる。翌91年は1位の**岡林洋一**が12勝12セーブで、新人王投票では次点。同年の3位だった高津はのちにリリーフエースとなる。

　その後も**石井一久**（92年入団）、**山部太**（94年）、**宮本慎也・稲葉篤紀**（95年）など、毎年のように戦力となる新人が入団した。ただ西村と岡林以外は1年目はそれほどではなく、2年目以降に重要な活躍をしている。古田にしても1年目の打撃成績は打率.250、3本塁打と平凡で、攻守ともに卓越した選手となったのは2年目からだった。

　その中にあって、93年に入団した**伊藤智仁**は1年目から強い印象を残した。三菱自動車京都から92年のドラフト1位で入団した伊藤は、持ち前の高速スライダーを駆使し、セ・リーグの打者たちをきりきり舞いさせた。故障のため後半戦はまったく登板できなかったにもかかわらず、新人王を受賞したほどその投球は圧巻だった。

　先発投手がどれだけ好投したかを示す指標に、**ゲーム・スコア**というものがある。その計算方法は以下の通り。

1.　基本ポイントは50点
2.　アウト1つにつき1点
3.　5回以降、イニングを終えるごとに2点
4.　三振1つにつき1点
5.　被安打1本につきマイナス2点
6.　自責点1点につきマイナス4点
7.　非自責点1点につきマイナス2点
8.　与四死球1つに付きマイナス1点

ノーヒットノーランで 10 奪三振、無四球だったとすると 50 ＋ （3 × 9） ＋ （2 × 5） ＋ 10 ＝ 97 点となる。

　下の表は、**93 年に伊藤が先発した全試合のゲーム・スコア**である。

日付	相手	回	安打	四球	三振	自責	ＧＳ	球数
4.20	阪神	7	8	4	10	2	57	144
4.29	広島	4.1	6	4	5	3	40	100
5.4	中日	8.2	8	2	11	1	71	152
5.16	中日	8	3	4	8	0	78	132
5.23	中日	5	5	2	5	1	54	90
5.28	横浜	12	8	6	15	2	85	193
6.3	阪神	9	3	2	9	0	86	106
6.9	巨人	8.2	8	4	16	1	74	150
6.16	阪神	9	5	1	9	0	83	126
6.22	広島	10	3	2	12	0	94	127
6.27	阪神	13	7	1	13	1	99	185
7.4	巨人	9	3	2	11	0	88	137
合計		103.2	67	34	124	11	909	1642
平均		8	5.6	2.8	10.3	0.9	75.8	136.8

　伊藤の平均ゲーム・スコア（ＡＧＳ）は 75.8 になる。これがどれだけ際立った数字なのかは、11 年にアメリカン・リーグで勝利・防御率・奪三振の投手三冠を達成し、サイ・ヤング賞とＭＶＰを同時受賞したジャスティン・ヴァーランダー（タイガース）のＡＧＳが 65.9 だったことでもわかるだろう。この年のスワローズの優勝は、伊藤の右腕なくしては絶対にあり得なかった。

　と同時に、この表からは伊藤が相当酷使されていた状況も窺える。12 回の先発のうち、3 分の 1 に相当する 4 試合で 150 球以上を

投げていたのだ。5月28日の横浜戦では延長12回を投げ、投球数は実に193球。6月27日の阪神戦でも185球、次回登板の7月4日、巨人戦で肘痛を訴えたのを最後に戦線を離脱した。

　丸山完二ヘッドコーチは「将来性のある選手だし、無理をして取り返しのつかないことになっても」と語っていたが、すでにこの時点で取り返しがつかないほどの無理を強いていたのだ。なお、当時の新聞各紙は伊藤の好投を讃えこそすれ、これほどの**酷使についての批判は皆無に近かった**。

　伊藤は93年中に復帰できなかったばかりか、94・95年も1試合も投げられなかった。ようやく96年に一軍に戻ってきて、97年は19セーブ、防御率1.51、翌98年は5年ぶりに先発ローテーションに入り、6勝11敗ながら防御率2.72は3位の好成績だった。だが実働期間は7年のみで、通算37勝27敗25セーブで終わっている。

　今ではメジャー流の球数制限の思想が浸透しつつあり、ここまで無理を強いる監督はいなくなった。球数制限の是非には異論もあるし、どのくらいの登板間隔を空けたらどれだけ投げさせても大丈夫なのか、明確なラインが引かれているわけではない。それでも伊藤が故障した最大の原因が、この使い方にあったと断定しても誤りではないだろう。いずれにしろ、これほどの才能を持った投手が酷使で潰れた事実は、後世への教訓として生かさねばなるまい。

Important Newcomer
〈優れた外国人選手たち〉

　野村政権になる前から、スワローズにはデーブ・ロバーツ、チャーリー・マニエルら優秀な外国人選手が多く在籍した。その伝統は90年代にも引き継がれ、4度の優勝時にはいずれも外国人助っ人が多大な貢献をしていた。次頁の表は、野村監督時代の外国人選手のPVである。

	1990	1991	1992	1993	1994
郭	-7.0	-2.9			
バニスター	-0.8				
ロックフォード	-12.0				
マーフィー	3.2				
バートサス		-17.5			
レイ		26.3	-9.0		
ハウエル			50.9	41.6	11.2
パリデス			-1.3		
ハドラー				23.5	
クラーク					16.2
合計	-16.6	5.9	40.6	65.1	27.4

	1995	1996	1997	1998
ブロス	28.7	6.8	-14.7	
オマリー	33.9	12.7		
ミューレン	7.6	-4.0		
ホージー			37.6	-1.8
オルティス			-2.0	
テータム			12.5	
エーカー				10.3
ドリスキル				-1.9
アンソニー				2.0
ムートン				-1.8
合計	70.2	15.5	33.4	6.8

　14年ぶりの優勝を果たした92年はジャック・ハウエルが打率.331、38本塁打の二冠王でＰＶ50.9、ＭＶＰにも選ばれた。翌93年も28本塁打、88打点でＰＶ41.6、この年は新加入のレックス・

ハドラーも打率 .300、ＰＶ 23.5 で、ハウエルとの合計ＰＶは 65.1 にも上った。ハドラーとの再契約を見送り、ハウエルも不振だった 94 年は優勝を逃したが、翌 95 年は阪神から移籍の**トーマス・オマリー**が打率 .302、31 本塁打、ＰＶ 33.9 でＭＶＰを受賞、**テリー・ブロス**が 14 勝、防御率 2.33（１位）、ＰＶ 28.7 と健闘。**ヘンスリー・ミューレン**も合わせたＰＶは 70.2 と、93 年をも上回った。97 年も**ドゥエイン・ホージー**が 38 本塁打でタイトルを獲得、ＰＶ 37.6。この期間に優勝した４年は、すべて外国人勢の合計ＰＶが 30 を上回っていて、彼らの活躍度の違いがチーム成績にダイレクトに反映されていた。

　こうした選手たちの多くを獲得してきたのは**中島国章**だった。野村の息子と同じ学校に通っていた縁で、南海の通訳からプロ入りした中島は、ヤクルトに移ったのち渉外担当に就任。日本で通用する外国人選手の条件として、打者なら「内角の速球に振り負けない」「広角に打ち分けられる」、投手なら「内角へコントロールよく投げられる」「身長が高く角度をつけられる」ことなどを挙げている。

　外国人選手が活躍しているチームは、多くの場合こうした**優秀な人材**がいて、自分の目で実力を確かめて獲得した上で、私生活面でのサポートも怠っていない。闇雲に金をばらまいて名前のある選手を取って来るだけでは、これほどの結果を残せないのは他球団でいくつも例がある。ヤクルトの場合は、巨人や阪神とは違って多少結果が出なくともマスコミやフロントが大騒ぎしないという環境も、好結果につながったのかもしれない。

Management/Strategy
〈野村再生工場〉

　野村ほど常に野球のことを考え、野球に深く精通している人物はいないだろう。その深遠な知識は日本だけでなく、世界で一番だったかもしれない。**選手の隠れた才能を見抜く目も抜群で、その能力**

が最も発揮されたのはスワローズ時代だった。

　監督就任1年目、野村は2件のコンバートを実行に移す。捕手の**秦真司**を外野へ、同じく**飯田哲也**を二塁へ転向させたのである。飯田によって弾き出されたのは前年の新人王・笘篠賢治であり、またそれまでほとんど出場機会のなかった**柳田浩一**を、栗山英樹に代わってセンターのレギュラーとして起用した。

　こうした動きに対し、当初は非難の声が上がった。笘篠・栗山ともに女性人気の高い選手だったこともあったが、それ以上に彼らが前年にそれなりの好成績を収めていたからだ。では、このコンバートはどれほどの成果を収めたのか。

1989 年

	打数	打率	打点	盗塁	RC	PARC	PARC/500
笘篠	429	.263	27	32	52.9	51.8	60.4
栗山	420	.255	26	4	41.6	40.8	48.6
飯田	9	.111	0	1	0.3	0.4	22.2
秦	245	.290	28	2	36.3	45.5	92.9

1990 年

	打数	打率	打点	盗塁	RC	PARC	PARC/500
笘篠	202	.228	8	6	15.1	15.2	37.6
栗山	96	.229	4	3	7.0	6.2	32.3
飯田	441	.279	33	29	55.2	55.9	63.4
柳田	379	.237	38	21	37.8	33.8	44.6
秦	250	.292	35	1	49.2	43.9	87.8

　笘篠と栗山は、ともに90年は数字を大きく落としている。出場機会が減ったこともあるが、500打数あたりのPARCで比較すると、内容そのものも良くなかった。ただ、彼らに代わって起用され

た飯田と柳田も、打撃面ではそれほど傑出した成績ではない。この
コンバート自体は、必ずしも成功とは言いがたかった。

　ポイントとなったのは、**翌91年に飯田を二塁からセンターへ再
コンバート**したことだ。この年、新外国人としてメジャーで十分な
実績のあったジョニー・レイを獲得。当初は外野で起用するはずだっ
たが、レイが本来のポジションである二塁を希望したため、そのあ
おりで飯田がセンターに回された。だが、飯田の身体能力の高さは
二塁よりもセンターでより生かされ、ゴールデングラブ7回受賞の
名手に成長したので、結果的にこのコンバートは大成功だった。

　秦のコンバートも成功に数えられる。88年には正捕手として119
試合にマスクをかぶっていた秦だったが、投手リードは野村の眼鏡
に適うレベルになく、90年に25試合守ったのを最後に捕手は廃業。
以前から定評のあった打撃を生かすため外野に回った。

　これらは既存の戦力を新たな場所で活用したものだったが、他
球団で埋もれた才能を開花させる"野村再生工場"も有名となった。
南海監督時代も松原明夫・山内新一・江本孟紀ら、実績の乏しい若手・
中堅投手の素質を開花させ、江夏豊もリリーフに回して甦らせてお
り、スワローズでもこうした手法は存分に駆使される。**田畑一也**は
ダイエー時代の4年間では2勝を挙げたのみだったが、96年にヤ
クルトへ移籍すると12勝、翌97年も15勝して先発陣の柱となった。
94年に近鉄でPR−13.7の不振だった**吉井理人**は、西村龍次との
トレードで94年にヤクルトに移籍、以後3年間で33勝、PR 46.2
と復活した。

　小早川毅彦の場合は、もっと直接的に野村の関与が復活につなが
った。広島の主力打者として長年活躍しながら、96年オフに自由契
約となってヤクルトに拾われると、97年の開幕戦は5番で起用され、
巨人のエース斎藤雅樹から3打席連続本塁打。「1−3では斎藤は必
ずカーブを投げるから狙え」との野村の指示を実行した結果だった。
この勝利が効いたのか、前年は7勝19敗と大負けしていた巨人戦に、

97 年は 19 勝 8 敗と大きく勝ち越したことが優勝の要因になった。

　野村はその後楽天の監督としても、山崎武司を打者として大きく成長させている。ヤクルト時代の栗山や長嶋、阪神時代の今岡誠のように、肌の合わない選手を冷遇する一面もあった。だが伸び悩んでいる選手、キャリアの岐路に立っている選手が、野村の野球観に触れて低迷を打破したケースはそれ以上に多く、"再生工場" の神髄とはその辺にあるのだろう。

Key Player
〈ＩＤ野球の申し子・古田〉

　古田はプロ入りするまでに二度ドラフトの網から洩れている。高校時代（川西明峰高）はそれほど有名ではなかったが、立命館大学では強肩捕手として知られるようになっており、ドラフト候補に名を挙げられていた。それでもどの球団も指名に動かなかった理由は、眼鏡をかけていたからだというのは有名なエピソードである。

　結局社会人のトヨタ自動車に進み、89 年のドラフト 2 位でヤクルトが指名し、晴れてプロ入りと相成った。当時のスカウト部長・片岡宏雄によると、当初野村は「メガネのキャッチャーはいらない、高校生を取ればわしが育てる」と古田獲得に反対していた。それが今では「メガネの捕手をいらんと言ったのは片岡スカウトで、わしは固定観念に捉われずに古田をとれと言った」ということになっている、と野村に対する憤りを露わにしている。事実は当事者にしかわからないが、古田に名捕手となる素質があり、そしてその素質を最大限まで伸ばすことができたのが、野村との出会いだったのは間違いない。

　古田を素晴らしい捕手とした三つの要素は、**打撃・肩・投手リード**である。まずは彼の打撃成績が、同世代の他球団の捕手と比べてどれだけ優れていたかを見てみよう。下の表は、古田がレギュラーだった時期の成績と、セ・リーグ各球団の正捕手のＲＣを比較した

ものである。

年度	打率/本塁打/打点	RC	谷繁	中村	西山	村田	矢野	阿部
	古田							
1990	.250/ 3/26	34.4	12.4	28.5	2.3	41.0		
1991	.340/11/50	90.1	24.0	50.7	15.4	47.7	1.2	
1992	.316/30/86	119.0	14.0	40.8	16.2	9.9	10.3	
1993	.308/17/75	92.1	35.0	47.2	22.8	24.8	6.3	
1994	.238/ 3/19	23.1	39.6	49.2	49.9	43.3	3.7	
1995	.294/21/76	77.2	23.5	34.4	23.4	49.0	10.0	
1996	.256/11/72	54.0	68.1	49.7	64.8	25.2	26.9	
1997	.322/ 9/86	99.1	53.7	30.2	24.4	8.4	25.1	
1998	.275/ 9/63	63.0	65.1	46.1	3.7	36.9	25.4	
1999	.302/13/71	82.8	66.2	27.9	29.0	24.2	50.9	
2000	.278/14/64	72.3	47.4	36.6	24.0	19.2	44.4	
2001	.324/15/66	81.5	78.4	39.7	28.2	7.9	33.9	42.7
2002	.300/ 9/60	60.6	59.7	19.3	12.6		43.6	82.4
2003	.287/23/75	88.1	59.4	28.7	2.5		87.1	63.9
2004	.306/24/79	87.5	58.3	5.6	0.1		65.1	94.8
2005	.258/ 5/33	35.0	61.3	5.4	0.2		65.9	84.5

　レギュラーでの16年間で、**古田のＲＣがセ・リーグの捕手中最多**だったのは、**アミ**で示したように10年もある。98・2002・04年も2位だった。打点では80以上の年は92・97年の2度だけだったが、ＲＣだと8回も80以上があり、92年は捕手としては驚異的な119.0を記録している。これがどれほどの水準かは、ＲＣ100以上を記録したセ・リーグの捕手が、それまで74・75年の田淵幸一しかいなかったことでもわかる（その後阿部慎之助が3回記録）。

アマチュア時代の古田は打撃で知られていた選手ではなく、当時の関係者は「プロに行ってあれほど打てるようになるとは」と驚いたと言われている。まったく資質のない打者がここまでの成績を残せはしないだろうが、その打力を引き出したのは、捕手として野村から学んだ配球術を、打席でも上手に生かせるようになったからだ。パワーのある打者ではなかったけれども、独自の研究でボールを遠くへ飛ばせる打ち方も身につけて、捕手では史上6位の通算217本塁打を放った。

続いて、**同期間の古田と各捕手の盗塁阻止率の比較**である。

年度	盗塁/盗塁刺	阻止率 古田	谷繁	中村	西山	村田	矢野	阿部
1990	26/29	.527	.405	.358	.571	.306		
1991	35/48	.578	.415	.293	.667	.162		
1992	31/29	.483	.297	.309	.475	.261	.182	
1993	16/29	.644	.348	.481	.462	.308	.375	
1994	12/12	.500	.395	.294	.382	.346	.375	
1995	35/32	.478	.373	.519	.478	.286	.375	
1996	36/24	.400	.416	.390	.406	.296	.308	
1997	33/28	.459	.329	.195	.438	.250	.171	
1998	38/30	.441	.402	.407	.500	.317	.325	
1999	32/27	.458	.389	.359	.200	.200	.329	
2000	27/46	.630	.342	.337	.222	.255	.348	
2001	22/21	.488	.543	.218	.238	.281	.395	.353
2002	30/22	.423	.483	.256	.439		.387	.400
2003	44/27	.380	.313	.250	.375		.350	.361
2004	43/15	.259	.378	.300	.286		.345	.321
2005	24/8	.250	.436				.434	.264

アミで示したのはリーグ1位で、古田は16年間で10回も阻止率1位になっており、93年と2000年などは6割を超えていた。表では広島の西山秀二が古田以上の数字を残している年もあるが、これらの年はいずれも規定の試合数を満たしていない。晩年になるまでは、40盗塁以上を許した年は一度もなかった。これがどれほど投手陣の助けになっていたことか。

リード面では、言うまでもなく野村から受けた影響が大きかった。もともとリードのセンスはあったかもしれないが、ベンチで常に野村の前に座って、配球を予想・説明するつぶやきを聞いていた。ときには"根拠のない配球"を叱責されながら、その力は着実に磨かれていった。

古田のリードのよし悪しは、彼以外のスワローズの捕手との比較によって具体的な数字として表せる。正捕手に定着して以降（1年目は除く）、古田は毎年ほとんどの試合で先発マスクを被っていたが、94・96・2001・02・05年の5年は、故障などの理由で15試合以上他の捕手に先発を譲っていた。その5シーズンで、古田と彼以外の捕手が先発した試合の防御率、そしてチームの勝敗を示したのが下の表である。

古田

年度	試合	防御率	勝敗	勝率
1994	69	3.77	36-33-0	.522
1996	115	3.91	55-60-0	.478
2001	116	3.31	66-44-6	.600
2002	110	3.46	58-49-3	.542
2005	86	3.75	46-39-1	.541
合計		3.62	261-225-10	.537

その他の捕手

年度	試合	防御率	勝敗	勝率	
1994	61	4.37	26-35-0	.426	野口、中西
1996	15	4.67	6-9-0	.400	青柳、野口、鮫島
2001	24	3.92	10-14-0	.417	小野
2002	30	3.14	16-13-1	.552	小野、米野
2005	60	4.35	25-34-1	.424	小野、米野
合計		4.14	83-105-2	.441	

　5シーズンのうち、2002年だけは他の捕手のほうが防御率・勝率とも良かったが、その他の年はすべて古田のほうが優れていた。5年分の合計だと古田は防御率3.62/勝率.537、他の捕手は4.14/.441で、古田がいないと防御率は0.52点、勝率は.096も悪くなってしまい、勝率4割台半ばのチームになっている。

　チーム勝率が低くなるのは、強打者でもある古田を欠くのが理由かもしれない。だが防御率にこれだけ開きがあるのは、純粋に彼のリードの力を示すと見ていい。野村をして「彼は特別」と言わしめた古田はやはり、打撃、肩、リードのすべてで球史でもトップクラスの捕手だった。

Decline Phase
〈相次いだ主力選手の流出〉

　一時代を築いたスワローズも、野村が98年限りで退任してから次第に成績が下降する。2001年に若松勉監督の下で日本一に返り咲いたが、その後は緩やかに後退。06年から選手兼任で古田が監督を務めても流れは変わることなく、07年に21年ぶりの最下位に転落した。

　こうした状況に陥ったのは野村の遺産を食い尽くしたのも一つの理由ではあるが、むしろ主力選手の離脱が相次いだのが大きな要因

だろう。下に示したのは、ＦＡ制度が施行された93年以降、07年までにスワローズから移籍していった主力選手である（成績は野手が打率／本塁打／打点、投手は勝－敗－セーブ／防御率）。

年度	退団者	在籍最終年の成績	移籍先
1994	広澤克己	.271/26/73、RC76.7	巨人
1997	吉井理人	13-6/2.99、PR16.6	メッツ
2000	川崎憲次郎	8-10/3.55、PR5.5	中日
2001	石井一久	12-6/3.39、PR7.5	ドジャース
2002	Ｒ・ペタジーニ	.322/41/94、RC136.5	巨人
2003	高津晋吾	2-3-34/3.00、PR5.4	ホワイトソックス
2004	稲葉篤紀	.265/18/45、RC61.8	日本ハム
2006	岩村明憲	.311/32/77、RC121.7	デヴィルレイズ
2006	Ｒ・ガトームソン	9-10/2.85、PR15.6	ソフトバンク
2006	Ｇ・ラロッカ	.285/18/63、RC68.5	オリックス
2007	石井一久	9-10/4.16、PR-5.9	西武
2007	Ｓ・グライシンガー	16-8/2.84、PR23.2	巨人
2007	Ａ・ラミレス	.343/29/122、RC121.4	巨人

　移籍の手段はＦＡが６人（広澤、吉井、川崎、高津、稲葉、石井＝07年）、ポスティングが２人（石井＝01年、岩村）、残る５人の外国人選手はいずれも契約切れにともなう自由契約での国内移籍である。移籍先の球団はメジャーが４人、巨人が４人。逆にこの期間、スワローズはＦＡ選手を一人も取っておらず、他には石井と高津がメジャーから帰ってきた例があるのみだ。

　これほど多くの選手が流出してしまった理由の一つは、98年に本社が金融派生商品（デリバティブ）取引による失敗で数百億円にものぼる損失を被った事件があった。これが球団経営にも影響が出なかったわけはなく、高額年俸の選手がＦＡとなっても引きとめら

れなくなってきた。特に外国人選手の場合が顕著で、2000年代に入ってからはペタジーニをはじめ、多くの外国人選手が契約切れと同時にスワローズを去り、巨人をはじめとした国内の他球団に移籍してしまっている。前述したように、スワローズの外国人選手を見る目は確かだったので、次から次へと優秀な選手を獲得してそうした穴を埋めているが、せっかく連れてきた外国人選手も片端から引き抜かれた。

　メジャー指向の選手が多いのも特徴で、本当にアメリカへ渡った吉井・石井・高津・岩村に加え、稲葉もメジャーを目指しての退団だった。稲葉はアメリカの球団からは声がかからなかったが、スワローズには復帰せず日本ハムを選んでいる。

　ＦＡとなっても国内への球団へ移籍すれば、補償制度で金銭や選手を獲得できるから損失は抑えられる。07年オフに西武に移籍した石井の場合は、保証で得た福地寿樹が活躍して、むしろ得をしたくらいだ。けれどもメジャー球団へ移られてしまうと何の補償も得られない。高額年俸の選手が退団するのは、財政上では助けになっても戦力的には当然痛手となる。特に06・07年は3人ずつの主力が退団しており、これでは下位に低迷してしまったのもやむを得ない。

What would have happened if...
〈長嶋監督が実現していたら？〉

　87年のドラフト1位指名で入団した長嶋一茂はミスタープロ野球・**長嶋茂雄**の長男だ。80年限りで巨人の監督を解任されて以降、長嶋は長期の浪人生活に入っていた。この間、いくつかの球団が長嶋の監督招聘に動いた。大洋は関根潤三監督（82～83年）が長嶋と公私共に親しいこともあって「長嶋が来るなら監督を譲る」と公言。日本ハムも立教大時代の先輩である大沢啓二監督／球団常務が熱心に勧誘したが、ともに実現には至らなかった。

　だが、一茂の入団によってヤクルト監督就任説はにわかに現実味

1990年代　ヤクルトスワローズ　69

を帯びてきた。当時の監督が関根であったことから、長嶋さえその気になればいつでも禅譲の用意はできていたはずだった。

　ところが関根に代わって監督となったのは、長嶋とはあらゆる意味で対照的な野村だった。野村の下でヤクルトは優勝の常連となったわけだが、仮に長嶋が監督就任要請を受諾していたらどうなっていただろうか。まず、長嶋の監督としての力量を検証しよう。

〈長嶋の予想勝率〉

年度	試合	得点	失点	勝率	予想勝率	差	
1975	130	473	510	.382	.462	-.080	6位
1976	130	661	505	.628	.631	-.003	優勝
1977	130	648	504	.635	.623	.012	優勝
1978	130	606	508	.570	.587	-.017	2位
1979	130	554	549	.483	.505	-.022	5位
1980	130	507	450	.504	.559	-.055	3位
1993	131	446	465	.492	.479	.013	3位
1994	130	516	483	.538	.533	.005	優勝
1995	131	527	494	.554	.532	.022	3位
1996	130	563	478	.592	.581	.011	優勝
1997	135	550	536	.467	.513	-.046	4位
1998	135	632	551	.541	.568	-.027	3位
1999	135	618	553	.556	.555	.001	2位
2000	135	689	497	.578	.658	-.080	優勝
2001	140	688	659	.543	.522	.021	2位
		8678	7742	.538	.557	-.019	

　予想勝率は .557 で、現実の勝率は .538 と 1 分 9 厘下回る。ただし 93 〜 2001 年の第二次政権時代の 9 年間では、予想勝率 .550 で現実は .540 と、75 〜 80 年の第一次政権ほど悪くない。現実の勝率

が予想を下回ったのも3年だけで、第1次時代に6年中5年マイナスになっていたのと比べると、随分改善されている。第1次での失敗を長嶋なりに生かしていたのだろう。

　もちろん予想勝率は完全なものではない。監督の采配ミスによって本来取れていたはずの点が取れなかったり、同様に継投などの失敗で防げたはずの点を取られたりもするからだ。だが、少なくともデータ上では長嶋の采配能力は特筆すべきものではなかった。なお**野村のヤクルト時代の予想勝率は.519で、現実の勝率はこれより1分3厘も高い.532**と、名将にふさわしい数字を残していた。

　長嶋が監督となっていたら、90年代にヤクルトが躍進できたかどうかは極めて疑問だ。野村は監督就任後、甘いと言われていたチームの体質改善と意識改革に取り組んで、これを成功させた。とりわけ古田は、野村の指導がなければ史上有数の好捕手にはなれなかった可能性が高い。長嶋が誰をバッテリーコーチに任命したかはわからないが、誰であったとしても、野村以上に古田を育てられたとは思えない。スワローズは関根監督時代のような「明るく楽しい野球チーム」のイメージを大きく超えるチームにはならなかっただろう。

　また、野村はヤクルトではなく、どこか別の球団で指揮を執っていた可能性もある。もし大洋（横浜）あたりが野村ID野球を吸収していれば、90年代に黄金期を築いて、セ・リーグ最高の捕手は古田でなく谷繁になっていたかもしれない。

Conclusion

　スワローズの躍進は、**一人の監督（野村）、一人の選手（古田）がどれほどチームを変えることができるかを証明した**。チームのタイプとしては②の改良型に分類できる。すでに80年代の段階で、広澤、池山ら中軸を担える選手たちがいた。そこへ野村が監督となり、自らの持つ豊富な知識を"ID野球"という形で伝授し、彼らの成長を促した。古田はその最高傑作であり、強打・好守の捕手

という、プロ野球で最も稀少価値の高い存在として黄金時代の要となった。古田は他球団に入っても一流の捕手になれたかもしれないし、古田以外の捕手を野村が鍛え上げてスワローズを優勝させていた可能性もある。だが、古田が球史に残る名捕手となったのは、やはり野村の薫陶があったからだろうし、古田のような最高級の素材を手に入れたことは野村にとっても最高の出来事だったに違いない。

それに加えて**アマチュア選手や外国人選手を見極める確かな目**、そしてもちろん**野村の采配や用兵**もあって、黄金時代は作り上げられた。93年にはＦＡ制度が導入され、巨人や阪神が巨額の資金をバックにして大々的な補強を繰り広げたが、そうした球団を向こうに回して勝ち続けた点もポイントが高い。

とはいえ、ヤクルトのフロントに確固たるビジョンがあったわけではなく、監督の野村が主導権を握ってチーム作りを進めていた。**編成と現場の権限は明確には分化**されておらず、そういった意味では鶴岡時代の南海や三原時代の西鉄と似た、**古いタイプの球団**だったと言える。

こうした構造の球団では、中心となる人物が退団すれば衰退は避けられない。確かに本社の経営状態の悪化によって主力を引き止められず、戦力がダウンしたのは痛かった。しかし、野村の後任となった若松や古田にも、野村の遺産を継承するだけでなく、それを発展させるほどには、指導者としての才覚はなかったのだろう。

08年、日本ハムのＧＭだった**高田繁**がスワローズに加わったが、これもＧＭではなく監督としてであった。本格的にチームを再建したかったのなら、ＧＭとしての招聘を考えるべきだったはずで、事実高田はヤクルト退団後の12年からＤｅＮＡのＧＭに就任し、日本ハム流の経営手法を取り入れて、上位争いのできるチームに仕立て上げた。ヤクルトも15年から前監督の**小川淳司**が"シニアディレクター"の役職名でＧＭ的な役割を果たすようになっているが、今後はどの球団もフロント主導でチームを作り上げる体制を築くこ

とが、長期的な視野に立った強化を成功させる上での鍵となると思われる。

1980〜90年代
西武ライオンズ

1982−94（13年間）、Aクラス 13 回、優勝 11 回、日本一 8 回

資金力＝A＋
スカウティング＝A＋
育成力＝A
外国人選手＝A
監督＝A

年 度	監督	順位	勝利	敗戦	引分	勝率	ゲーム差
1982 *	広岡達朗	1	68	58	4	.540	(1/3)
1983 *	広岡達朗	1	86	40	4	.683	―
1984	広岡達朗	3	62	61	7	.504	14.5
1985	広岡達朗	1	79	45	6	.637	―
1986 *	森祇晶	1	68	49	13	.581	―
1987 *	森祇晶	1	71	45	14	.612	―
1988 *	森祇晶	1	73	51	6	.589	―
1989	森祇晶	3	69	53	8	.566	0.5
1990 *	森祇晶	1	81	45	4	.643	―
1991 *	森祇晶	1	81	43	6	.653	―
1992 *	森祇晶	1	80	47	3	.630	―
1993	森祇晶	1	74	53	3	.583	―
1994	森祇晶	1	76	52	2	.594	―

（＊は日本シリーズ優勝）

V9巨人以降では最長期間の王朝を打ち立てたのが、80 〜 90 年代の西武ライオンズだった。一時代を築いた**西鉄ライオンズ**が"黒い霧事件"などで戦力を落とし、福岡野球株式会社として再出発したのが73 年。その後は**太平洋クラブ**、**クラウンライター**らのスポンサーをつけて戦い続けたが、資金的にも戦力的にもリーグの底辺をさまよったあげく、**78 年秋に国土計画（西武鉄道）に買収されて、**埼玉県所沢市を本拠とする**西武ライオンズ**が誕生。のちに世界一の富豪として知られるようになった西武グループ総帥・堤義明の号令の下、ライオンズは球団管理部長の**根本陸夫**による大胆なチーム改造で生まれ変わった。

　まずは遊撃手の真弓明信、捕手の若菜嘉晴ら若手のレギュラーを阪神に放出し、球界屈指の大スター**田淵幸一**を獲得。ロッテから戦力外になっていた**野村克也**、さらに地元埼玉出身の名二塁手・**山崎裕之**も手に入れた。全国区の知名度を持つ3 人の名選手を入団させ、チームの改革を印象づけた。

　これと併行して新人選手の獲得にも力を注いだ。前年クラウンが指名しながら入団拒否に遭っていた前法政大学の江川卓こそ翻意させられなかったが、その江川が巨人と強引に契約して大問題になった78 年のドラフト会議では、4 球団の抽選に勝って**森繁和**（住友金属）を1 位指名。さらにドラフト外では、この年ドラフト会議に不参加だった巨人が狙っていた東京ガスの**松沼博久**、東洋大の**松沼雅之**とアマ球界を代表する好投手兄弟をかっさらった。

　西武グループの**プリンスホテル**名義で社会人野球にも参加した。プリンスホテルは大学球界のスター選手で、プロからも熱視線を浴びていた石毛宏典（駒澤大）・中尾孝義（専修大）・堀場英孝（慶応大）・中屋恵久男（早稲田大）・居郷肇（法政大）らを次々と集め、石毛は2 年後の80 年ドラフト1 位で西武に入団した。中尾が中日、堀場は広島に入団したように、プリンスの選手全員が西武に入ったわけではない。それでも80 年のドラフトで日本ハムが1 位指名した

高山郁夫（秋田商）、阪急1位指名の川村一明（松商学園）両投手がプリンス入りするなど、有望選手を囲い込むことで他球団のドラフト戦略を狂わせる効果があった。こうした複合的な方法によって、西武は黄金時代へのレールを着々と敷いていった。

Impressive Rookies
〈最強の高卒新人打者・清原〉

後述するように、根本時代の西武は様々な裏技的手法を駆使して有力な新人選手たちを獲得していったが、運にも恵まれていた。球団結成1年目の78年のドラフトでは4球団が競合した**森**を引き当て、翌79年は早稲田大のスラッガー岡田彰布に入札、6球団の競合でクジを外したが、80年は阪急と重複した**石毛**の抽選に勝利。82年も3球団が競合した野口裕美（立教大）を引き当てた。野口は大成できず、83年の高野光（東海大）、84年の広澤克己（明治大）は2年続けて外したが、85年のドラフトは超高校級打者の**清原和博**を6球団による抽選で引き当てた。

ＰＬ学園時代に5度甲子園に出場、史上最多の13本塁打を放った清原は、巨人もしくは阪神への入団を熱望。希望しない球団に指名されれば社会人の日本生命に入社する意思を明らかにしていた。にもかかわらず、西武をはじめ南海、日本ハム、近鉄、中日と希望外の球団が入札したほど、その実力は高く評価されていた。第一志望の巨人がチームメイトの桑田真澄を選んだショックで涙に暮れた清原だったが、西武に入団すると1年目から正一塁手に定着。打率.304、高卒新人新記録となる31本塁打の大活躍で新人王に選ばれた。

右の表は、**ドラフト制度施行後の高卒1年目野手のＲＣトップ10**。清原の94.3は、2位の立浪を56.2点も上回り断然1位であるばかりか、2・3・4位の数字を足したよりもさらに高い。いかに彼の打力が新人離れしたものであったかを物語る数字だ。

	球団	年度	打率	本塁打	打点	RC
清原和博	西武	1986	.304	31	78	94.3
立浪和義	中日	1988	.223	4	18	38.1
松井秀喜	巨人	1993	.223	11	27	25.7
香川伸行	南海	1980	.282	8	25	21.0
大谷翔平	日本ハム	2013	.238	3	20	20.5
掛布雅之	阪神	1974	.204	3	16	18.1
東出輝裕	広島	1999	.227	0	7	17.8
森友哉	西武	2014	.275	6	15	17.6
湯上谷宏	南海	1985	.262	1	7	14.9
浅間大基	日本ハム	2015	.285	0	10	14.9

　時代を遡れば、55年に早実から毎日に入団した榎本喜八が、清原を上回るＲＣ 102.0 を1年目で記録している。とはいえ、当時はまだプロ野球全体のレベルがそこまで高くはなく、高卒1年目からプロで通用する選手も珍しくはなかった。新人王受賞者もドラフト施行前は16年で10人いた。けれども、その後は清原がプロ入りするまでの21年間で、ドラフト1期生の堀内恒夫だけになった。

　新人王どころか、1年目でレギュラーポジションを獲得できる高卒選手自体ほとんどいなくなり、清原以外にはＲＣ 40 を超えた打者さえ1人もいなかった。そのような状況にあって、清原の残した数字は打率・本塁打・打点のどれをとっても破格だった。

　85年の西武の一塁手は**スティーブ・オンティベロス**が守っており、打率 .315/ 出塁率 .397 でＲＣも 81.9 だった。しかしながら外国人としては11本塁打、61打点は物足りないものだった。そこへ高卒新人が入団して3倍近い本塁打を放つとは、西武首脳陣も計算していなかったはず。85年のドラフトで清原を引き当てた幸運が、西武の黄金時代を盤石のものとしたのだ。

Important Newcomer
〈若いメジャーリーガーを重点的に獲得〉

　ライオンズの強さを支えていた重要な要因の一つが、優秀な外国人選手である。札束攻勢でメジャーリーガーを片端からさらっていったのではなく、ここでも西武は独自の路線を追求した。特徴的なのは、**30歳前の選手を重点的に獲得した点**だった。下の表は、**79〜89年に西武に入団した外国人選手**（台湾出身の郭泰源を除く）の、**メジャーでの通算と来日前年の出場試合数**。※はシーズン途中の入団で、これも当該年ではなく前年の試合数を表示している。

年度		年齢	通算	前年
1979	J・マルーフ	29	0	0
	T・ミューサー	31	663	15
	J・タイロン	30	177	0 ※
1980	T・ダンカン	26	112	0
	スティーブ（オンティベロス）	28	732	152 ※
1981	テリー（ウィットフィールド）	28	545	118
1984	ジェリー（ホワイト）	31	621	40
1986	G・ブコビッチ	29	628	149
1987	T・バークレオ	23	0	0
1989	O・デストラーデ	27	45	36 ※

　10選手中30歳を過ぎていたのは3人だけで、**トニー・ミューサーとジェリー・ホワイトの31歳**が最高齢。**スティーブ、テリー、ジョージ・ブコビッチの3人**はいずれも20代で来日しながら、メジャーでの出場試合数が500以上ある経験豊富な選手たちだった。

　それまでにもメジャーのスター級選手が日本に来た例はいくつも

あった。しかし、大抵は全盛期を過ぎてからの来日だった。ライオンズでも、73年に獲得した元オリオールズの一番打者ドン・ビュフォードは、来日時点で33歳。75年に入団したマッティ・アルーは首位打者になった経験があったが、彼も36歳になっていた。両者とも来日後しばらくは好成績を残したものの、長くはもたなかった。最も極端な例は、通算382本塁打の実績を引っさげ、鳴り物入りで74年にやってきたフランク・ハワード。37歳の年齢もさることながら故障持ちで、公式戦は1試合しか出られなかった。

　メジャーで実績を残したベテランが、往々にして日本で成績を残せない理由がここにある。長い間プレイしていれば、その分疲労なども蓄積して故障しやすくなっている。未知の土地や文化に対する適応能力も、性格によるところが大きいとはいえ、一般的には若いうちのほうが適応しやすい。それまでにも若い年齢で来日し、長く活躍した外国人選手もいたが、多くはメジャーでの実績がないマイナー出身者だった。西武が狙ったのはメジャーでの実績がありながら脂が乗り切った時期にあり、それでいて今の地位に安住せず、新しい世界にチャレンジする気概に満ちた選手たちだった。

　その先駆者的存在が、80年後期から加わった**スティーブ**。79年はカブスの正三塁手として152試合に出場、打率.285、148安打、57打点を記録していた本物のメジャーリーガーは、西武入りすると65試合で打率.314、16本塁打、50打点と打ちまくり、西武の後期の躍進の原動力になった。翌年入団した**テリー・ウィットフィールド**も来日直前の4年間で合計514試合に出場、打率.289だったレギュラー級で、スティーブともども82年の初優勝時の主力となった。

　87年にＡＡ級までの経験しかなかった、23歳の**タイ・バンバークレオ**を獲得したのも画期的だった。日本向きの自前の外国人選手を育てようとの目論見が的中し、バークレオは2年目に38本塁打を放つ。その後研究されて打てなくなってしまったが、他球団が手を出さない分野を開拓する意欲的な試みは西武らしいものだった。

1980〜90年代　西武ライオンズ　81

シーズン途中で入団した選手が3人いるのも目につく。今では外国人選手の登録人数が大幅に緩和されたが、82年までは1球団につき2人までしか入団が認められなかったので、シーズン中に外国人選手を入れ替える例はそれほど多くなかった。ところが西武は、80年前期に14本塁打を放ったテイラー・ダンカンを切ってスティーブを入団させている。ダンカンが.236の低打率だったこともあるが、思い切った入れ替えだった。89年もバークレオが不振と判断するや、**オレステス・デストラーデを緊急補強**。デストラーデは83試合で32本塁打、その後も3年連続本塁打王になるなど主砲として活躍した。こうした**判断の素早さ、的確**さも特筆に値する。

Management/Strategy
〈GM根本の補強術〉

西武は初代監督として、客を呼べるようなビッグネームを安易に招聘せず、クラウンライターの監督だった根本を留任させた。これは極めて賢明な措置だった。グラウンド上の成績は芳しくなかった根本だが、実質的なGMである管理部長を兼任して驚異的な手腕を発揮する。それを一言で言い表すなら「**他球団が獲得をあきらめた選手を、あらゆる手段を使って手に入れる**」というものだ。

その第一弾が**松沼兄弟**の獲得だったが、次いで81年には八代工の**秋山幸二**をドラフト外で入団させた。甲子園出場経験こそないものの、投打に優れた素質を持つ秋山の名はスカウトの間では知れ渡っていた。進学予定と聞いて他球団が獲得を断念する中、西武は推定5000万円とも言われる多額の契約金で入団に漕ぎつける。野手に転向した秋山はアメリカ・マイナーリーグでの修業などで力をつけ、球界屈指の名外野手になった。

81年には10人のドラフト外選手を獲得し、**小野、西本、広橋**ら半数が一軍の戦力になった。アマチュア屈指の好投手だった松沼兄弟を大金で獲得したケースもあれば、無名に近かった**西岡**の素質を

見抜いた例もあって様々だが、下の表で示したように、球団創設後最初の３年間に入団した**ドラフト外選手の質**は非常に高かった。

年度	選手	出身	成績
1979	小川史	浦安高	打率 .237、11 本塁打、RC177.3
	松沼博久	東京ガス	112 勝 94 敗、防御率 4.03、PR36.5
	松沼雅之	東洋大	69 勝 51 敗 12S、防御率 3.62、PR75.4
1980	小沢誠	川越商	打率 .000、0 本塁打、RC-3.4
	西岡良洋	田辺高	打率 .246、50 本塁打、RC206.3
1981	西本和人	東海大四高	12 勝 9 敗、防御率 4.01、PR2.8
	小野和幸	金足農	43 勝 39 敗、防御率 4.19、PR-25.9
	駒崎幸一	日本通運	打率 .244、3 本塁打、RC23.1
	鈴木孝行	東北クラブ	0 勝 3 敗、防御率 6.82、PR-9.2
	白幡勝弘	二松学舎大付高	打率 .257、8 本塁打、RC46.0
	秋山幸二	八代工	打率 .270、437 本塁打、RC1381.7
	広橋公寿	東芝	打率 .271、14 本塁打、RC126.3

（公式戦出場経験者のみ）

秋山と同じ年、同じ熊本県には**伊東勤**（熊本工）という甲子園でも注目された好捕手がいたが、定時制に通っていたため80年のドラフトでは指名対象外だった。ここに根本は目をつけ、高校最終学年を迎える伊東を埼玉県の所沢高に転校させ、同時に西武の練習生として採用したのである。

　正式な支配下選手でないため、他球団が伊東を指名しても問題はない。実際、巨人などは伊東指名の可能性を示唆して西武を牽制した。とはいうものの、入団拒否のリスクなども考えると、指名を決断するのは二の足を踏まざるを得なかった。81年のドラフトで西武は伊東を1位で指名。3年目に正捕手となった伊東は、以後西武黄金時代のキーマンとして活躍を続ける。

　続く81年秋は、今度は**工藤公康**をドラフト6位で指名して他球団を仰天させる。夏の甲子園で三振を取りまくった高校ナンバーワン投手の工藤は、熊谷組への入社を表明し、全球団に指名を断る旨の手紙も送付していた。それを西武が下位指名し、しかも入団を実現させたことから、当然密約説が囁かれた。この件に関して広岡は「私が指名権だけでも取っておいたらいいんじゃないかと進言した」と語り、球団代表の坂井保之も密約を否定、スカウトの粘り強い交渉が勝因と明言している。真相はわからないが、その後も西武は88年の**渡辺智男**（ＮＴＴ四国）、89年の**鈴木哲**（熊谷組）のように、プロ拒否を宣言していた大物を何人も入団させた。

　松沼兄弟の獲得にも数億円単位の金が動いたと言われたように、根本の周囲にはキナ臭い噂がつきまとった。後年になってライオンズが恒常的にアマチュア選手に金品を渡していたスキャンダルが発覚したが、これも根本時代からの慣習だったとの憶測を呼んでいる。

　その是非はともかくとして、西武がチーム強化のために金を惜しまなかったのは間違いない。また単なる札束攻勢ではなく、坂井が「彼の職業は人たらし」と呼んだ根本の交渉の上手さ、驚異的な人

脈の広さが物を言ったというのも、多くの証言によるところである。

　他球団がまったく目をつけていない、正真正銘の隠し玉もしばしば指名した。その代表が、86年のドラフト1位で指名した**森山良二**である。福岡大大濠高時代に甲子園出場の経験はあるものの、その後大学を中退して野球から離れていた無名の投手だった。森山は活躍した期間は短かったが、87年に10勝して新人王になっている。

　88年は分校出身の垣内哲也、90年には元槍投げ選手の日月鉄二など、無名だったりユニークなバックグラウンドを持つ選手を指名した。一軍で長く戦力になったのは垣内だけで、こうした戦略が成功していたわけではない。とはいえ通常のルート以外にも、積極的に選手を発掘する途を模索し続けた姿勢は評価できる。

Key Player
〈ライオンズの屋台骨は石毛か伊東か〉

　捕手と遊撃手はいずれも守備の要となるポジションである。ここに優秀な選手がいるかいないかで、チームの構成は大きく変わる。西武も81年に遊撃手の**石毛**、82年に捕手の**伊東**をドラフト1位で獲得した。先にも述べたとおり、石毛は系列会社のプリンスホテル所属、伊東は球団職員として早い段階で唾をつけていた。根本がチームの屋台骨を背負うべき人材として見込んだ選手たちであり、それは正しい選択だった。

　石毛は81年に新人王を受賞、86年はMVPに選ばれるなど期待通りの成績を収めた。**田辺徳雄**が成長してからは三塁に回り、FAとなってダイエーに移籍するまでの14年間、ライオンズのチームリーダーとして君臨した。

　伊東は入団2年目の83年には正捕手を任され、以後20年近くにわたってその座にあった。強肩とインサイドワークに優れた守備型の捕手として、ベストナインに10回、ゴールデングラブには11回選出されている。

1980〜90年代　西武ライオンズ　85

秋山や清原も攻撃面で優れた選手ではあったが、守備面を含めた
ポジションの重要さから言えば遊撃手・捕手ほどではない。それで
は、石毛と伊東のどちらが、よりチームの軸と呼ぶにふさわしかっ
たのだろうか。攻撃面では、明らかに石毛のほうが優れていた。プ
ロ入りして以来、87年に三塁にコンバートされるまで、石毛は遊
撃手としてＲＣで毎年リーグ1位を記録していた。

〈81～86年の石毛の成績〉

年度	打率	本塁打	打点	盗塁	ＲＣ
1981	.311	21	55	25	85.3
1982	.259	15	54	22	68.7
1983	.303	16	64	29	92.0
1984	.259	26	71	26	79.3
1985	.280	27	76	11	107.7
1986	.329	27	89	19	107.3

　これを下の表に示した、**同時期のパ・リーグ他球団遊撃手のＲＣ
と比較**すれば、石毛の数字がどれほど際立っていたかがよくわかる。
最も2位との差が少なかった84年でも、弓岡敬二郎（阪急）とは
10.2点差。最大だった86年は52.4点もの差があった。しかもこの間、
守備でも5度のダイヤモンド／ゴールデングラブに輝いている。

年度	阪急	ＲＣ	近鉄	ＲＣ	ロッテ	ＲＣ
1981	弓岡	26.0	吹石	41.1	水上	46.0
1982	弓岡	13.0	石渡	19.7	水上	45.7
1983	弓岡	53.8	谷	33.8	水上	65.1
1984	弓岡	69.1	吹石	20.1	水上	42.1
1985	弓岡	67.4	村上	59.7	水上	47.1
1986	弓岡	51.6	村上	54.7	佐藤	54.9

年度	日本ハム	ＲＣ	南海	ＲＣ
1981	高代	36.6	定岡	24.8
1982	高代	42.4	定岡	35.7
1983	高代	67.6	定岡	43.5
1984	岩井	47.4	久保寺	40.0
1985	高代	58.6	小川	15.3
1986	高代	39.5	小川	41.1

　これに対し、伊東は打撃に関しては特筆すべきレベルではなかった。実働 22 年間で通算打率 .247、出塁率も .319 で、本塁打は 97 年の 13 本が最多。ＡＲＣが 50 点を超えたのは 3 年だけで、捕手としては悪くないという程度だった。守備でも肩は平均以上の強さだったが、盗塁阻止率が 4 割を超えたのは 1 年だけだった。**伊東の真価**は打撃でも肩でもなく、**西武の強力投手陣を引っ張ったリード面**にあった。

　では、どうすれば伊東のリードの力量を測ることができるのか。ヤクルトの章では、古田敦也のリード力を同僚の捕手と比較することで示したが、ここでは少し違った方法で検証を試みたい。トレードによって西武に入団／退団した投手の、移籍前後の成績を比べるのだ。

　次の表は、伊東がレギュラーだった 84 年から 2002 年までの間に、**西武に移籍してきた投手／移籍していった投手のＰＲを比較**したものである。前年度・移籍 1 年目ともに投球回数が 10 イニング以下だった投手、および西武での登板機会のなかった投手は対象外とした。また富岡久貴は 98 年と 2003 年の 2 回、西武から他球団に移籍している。

他球団→西武	前所属	年度	前年度	移籍1年目
江夏豊	日本ハム	1984	16.5	2.0
市村則紀	中日	1986	-1.3	4.3
山根和夫	広島	1987	-0.2	0.9
鹿取義隆	巨人	1990	1.6	6.3
藤本修二	阪神	1993	-	5.1
小野和義	近鉄	1994	-5.2	3.6
村田勝喜	ダイエー	1994	8.1	-3.7
橋本武広	ダイエー	1994	1.5	5.2
デニー友利	横浜	1997	-1.3	1.9
西崎幸広	日本ハム	1998	3.4	3.0
Ｔ・ブロス	ヤクルト	1998	-14.7	-8.6
佐藤秀樹	中日	1999	-	2.8
水尾嘉孝	オリックス	2001	-1.5	2.1
合計			6.9	24.9

西武→他球団	移籍先	年度	前年度	移籍1年目
杉本正	中日	1985	7.5	-0.1
高橋直樹	巨人	1986	3.7	-1.7
永射保	大洋	1987	-2.5	-6.0
小野和幸	中日	1988	-1.4	18.3
高山郁夫	広島	1991	-2.8	-1.4
森山良二	横浜	1993	-4.4	-8.1
渡辺智男	ダイエー	1994	-	-0.3
工藤公康	ダイエー	1995	11.0	-3.2
村田勝喜	中日	1996	-5.2	-8.3
小野和義	中日	1997	0.1	-10.0
石井丈裕	日本ハム	1998	5.3	-11.8
渡辺久信	ヤクルト	1998	-1.3	-3.9

富岡久貴	広島	1998	0.4	-1.4
杉山賢人	阪神	1999	-0.7	-4.7
新谷博	日本ハム	2000	-10.4	-4.2
橋本武広	阪神	2002	-3.8	-5.9
富岡久貴	横浜	2003	-1.0	3.5
デニー友利	横浜	2003	0.2	-1.3
合計			-5.3	-50.5

　他球団から西武に移ってきた投手のうち、前年より大きく成績を落としたのは、13人中江夏・村田の2人だけ。特に移籍前は大して実績を残していなかった橋本と友利の2人は、その後長期間にわたって中継ぎ要員として働いた。前年は一軍登板がなかった藤本や佐藤もプラスのＰＲを記録している。13人の成績を合計すると、西武での1年目はＰＲ24.9で、移籍前年度の6.9よりはるかに良くなっている。

　逆に西武から出ていった投手では、小野和幸が移籍先の中日で素晴らしい成績を残しているけれども、移籍1年目だけが突出して良くてその後は平凡な数字だった。その反対に、移籍1年目は良くなかったがその後好成績を残し続けたのは工藤だ。ただし工藤に関しては、伊東のリード云々に関係ないほどの大投手だったので、それほど参考にはならないかもしれない。18投手中、移籍先で成績が上がったのは小野和、高山、新谷、冨岡（03年）の4人だけで、合計では西武での最後の年が－12.9、移籍後は－26.9と、これまた西武時代のほうが良い数字が残っている。

　この結果だけで、伊東のリードが優れていたと簡単には結論づけられない。投手コーチの指導が良かったのかもしれないし、バックで守っている選手の守備力の差などの理由だったとも考えられる。それでも伊東のリードが悪かったら、このような数字にはならなかったはずで、少なくとも水準以上であったと判断してもいいだろ

う。

　石毛と伊東は、いずれも常勝ライオンズの屋台骨にふさわしい選手だった。それでも敢えて優劣をつけるとするなら、早い段階で三塁にコンバートされて守備面の負担が少なくなった石毛よりも、たとえ打撃面での貢献がそれほどのものではなかったにせよ、**長期間にわたって正捕手として君臨した伊東に軍配を上げるべきだと考える**。

Decline Phase
〈緩やかな衰退〉

　82年から2006年まで、ライオンズは25年間もの長きにわたってAクラスを維持し続けた。94年を最後に森が退陣してからも、**東尾修**を監督に迎えて97・98年に2連覇。02年は**伊原春樹**、04年は**伊東**が指揮を執って優勝し、04年は12年ぶりの日本一にもなっている。

　それでも、森の退陣後はそれまでのような圧倒的かつ安定した強さではなくなった。根本・広岡・森時代の遺産によって勝ち続けてきた印象が強く、引き続き強いチームではあったものの、全体的に見れば緩やかな衰退期にあったと言える。

　その原因としては、やはり根本の退団を挙げねばなるまい。93年、根本は福岡ダイエーの監督に招聘されてチームを去る。以後トレードで秋山、FAで石毛・工藤らの中心選手が根本の引きによってホークスへ移籍していったが、それよりも響いたのは新人選手の獲得が思うようにいかなくなったことである。

　これには**93年から導入された逆指名制度**が関係している。毎年のように日本一になっていても、人気面では西武は巨人や阪神に及ぶべくもなかった。

〈79 ～ 98 年の 3 球団の観客動員 （単位：万人）〉

年度	西武	巨人	阪神	年度	西武	巨人	阪神
1979	136.5	279.6	165.8	1989	194.5	339.6	184.9
1980	152.4	280.1	169.5	1990	191.3	338.6	189.4
1981	158.1	290.4	164.1	1991	198.1	337.8	182.0
1982	146.4	296.5	192.8	1992	190.7	350.0	285.3
1983	142.3	294.4	179.9	1993	162.4	353.7	276.8
1984	131.1	297.4	193.4	1994	168.8	354.0	270.4
1985	140.9	280.2	260.2	1995	166.1	355.5	207.3
1986	166.2	295.6	236.0	1996	129.5	349.4	186.0
1987	180.8	304.3	212.9	1997	144.8	364.5	226.8
1988	189.2	339.1	206.9	1998	138.5	363.4	198.0

　西武の観客動員は清原が入団した 86 年頃から上り始め、89 ～ 92 年は 4 年連続で 190 万人台を記録し、阪神を上回った時期さえあった。しかし 93 年から急速に減り始め、96 年には所沢移転時の水準にまで下がってしまった。93 年は J リーグが開幕した年だったので、その影響があったのかもしれないが、はっきりした理由は不明である。本拠の所沢市が人口 30 万人を超える程度の中規模都市であったことも関係はあっただろう。

　チーム自体が強く、リッチでクリーンなイメージも強かったことから、パ・リーグの球団にしてはアマチュアの選手からも敬遠されなかった。それでも、この頃まではセ・パ両リーグの人気には明らかな格差があったし、選手たちの間でもセがパより上との意識が確実にあった。逆指名制度の導入によって、そうした有力選手は自由に希望球団に入れるようになり、巨人や阪神、ヤクルトなどの人気球団に流れるようになってしまった。

　根本がいた頃は、それでも半ば強引ともとれる手法で有力選手の確保に成功していたが、福岡に移ってからはその手法は使えなく

なった。そのため、この頃から西武のドラフトは安全策が目立つようになる。92年以降は、その年の目玉選手を取れなくなっただけでなく、そもそもそのような選手の獲得に向かわなくなった。

　例えば92年は、星稜高の強打者・松井秀喜を回避した。同年のドラフトでダイエーはしっかり松井に入札していたから、もし根本が西武に残っていたらおそらく松井の指名に向かっただろう。この頃30歳を超えていた秋山の後継者として、松井はうってつけの存在だったはずだ。

　96年のドラフトでも、東都大学リーグの通算本塁打記録を更新した井口忠仁（青山学院大）を、ダイエーが巨人・中日との争奪戦を勝ち抜いて手に入れる一方、西武は中央では無名の玉野宏昌（神戸弘陵高）を指名。玉野は一軍では実績を残すことなく終わっている。翌97年も高橋由伸（慶応大）の獲得合戦に参戦しながら、あと一歩で巨人の物量攻勢に屈した。98年は平成の怪物・**松坂大輔**（横浜高）を3球団の抽選で引き当てたものの、インパクトのある補強は90年代中盤以降ほとんどなくなった。

　森時代に徹底的に基本を鍛えたおかげで、西武はその後もその遺産を活用しながら強いチームであり続けた。だがその資産もいつかは枯渇する日が来る。それを補うには的確な新人補強しかなかったのだが、それが上手くいかなくなってしまったのが、衰退の原因になった。

　こうして西武は、黄金時代の主力に代わる選手を育成できなくなってしまった。90年代以降、投手では**西口文也・豊田清**、そして松坂と優秀な人材が現れたが、野手は**松井稼頭央**だけである。次の表は西武黄金期のレギュラーと、それに取って代わった選手の成績を比べたものだ（左翼は固定されたレギュラーがいなかったため、空欄にしている）。

		レギュラー最終年	PARC	PARC/500
捕手	伊東勤	2002	49.3	72.3
一塁	清原和博	1996	75.8	77.8
二塁	辻発彦	1995	40.1	65.3
三塁	石毛宏典	1994	43.1	56.7
遊撃	田辺徳雄	1994	55.2	81.9
中堅	秋山幸二	1993	79.0	84.0
右翼	平野謙	1993	28.3	45.8
ＤＨ	Ｏ・デストラーデ	1992	86.3	96.3

		レギュラー1年目	PARC	PARC/500
捕手	細川亨	2004	35.4	56.5
一塁	高木大成	1997	59.7	63.0
二塁	高木浩之	1997	29.9	58.6
三塁	鈴木健	1995	51.7	62.1
遊撃	松井稼頭央	1996	64.7	68.4
中堅	佐々木誠	1994	68.0	64.5
右翼	垣内哲也	1995	35.0	57.4
ＤＨ	鈴木健	1993	43.2	61.4

　1年目から前任のレギュラーよりグレードアップしたのは、三塁の**鈴木健**と右翼の**垣内**の2人だけ。遊撃の松井は97年以降成長して田辺を大きく上回る選手となったが、その他の選手は概ね伸び悩んだままで終わっている。

　計算外だったのは**高木大成**だった。桐蔭学園高時代から好捕手として注目された高木は、慶応大を経て95年のドラフト1位で西武に入団。伊東の存在もあって2年目には捕手から一塁手に転向し、同年は打率.295、24盗塁でRC 72.3。3年目の98年は17本塁打を放ち、RC 78.2だった。ところがその後は故障の影響もあって成

1980～90年代　西武ライオンズ　93

績が下降、4年目以降RCは一度も51を超えなかった。伊東に代わる捕手にはなれないまでも、定評のあった打撃センスを乢かし、打者として活躍してくれるのではとの球団の期待は叶えられなかった。

　辻に代わって97年に正二塁手となった**高木浩之**も、守備は良かったが打撃は非力で、長打率は通算.311。規定打席に到達したのは2002年の一度だった。秋山とのトレードで獲得した**佐々木**も西武では好成績を残せず、**垣内**も打撃の粗さが抜けなかった。

　黄金時代の強さが薄れて、西武の観客動員はスーパースターの松坂がいながらも減り続けた。以前のように資金も無尽蔵でになく、根本の豪腕も当てにできなくなると新人選手の獲得も思うに任せず、弱体化が進むという負のスパイラルに、90年代後半以降の西武は嵌っていった。

What would have happened if...
〈ＦＡ制度がなかったら？〉

　前の項目で、ＦＡ制度は西武の衰退の直接の原因ではないと記した。では、ＦＡ制度がなかったら、西武は主力選手たちをキープして勝ち続けていたのだろうか？

　黄金時代のメンバーでＦＡによって退団したのは94年の工藤と石毛、96年の清原の3人だけである。このうち工藤に関しては貴重な先発左腕であること、また投手陣のリーダー格だったことを考慮すれば、確かにマイナス面が大きかった。だが石毛は退団時すでに力が衰えていたし、清原の穴もそれほど埋めるのは難しくはなく、退団直後の97年は3年ぶりにリーグ優勝を果たしている。巨人移籍後の清原の成績と年俸のアンバランスさを考えれば、むしろ退団はプラスになったとさえ思える。

　次の表は、**工藤がダイエーに移籍した95年から、最後に2ケタ勝利を挙げた2005年までの成績と、西武の勝敗**を示したものである。

年度	勝敗	防御率	PR	西武の勝敗	ゲーム差
1995	12-5	3.64	-3.2	67-57	-12.5
1996	8-15	3.51	4.8	62-64	-13.0
1997	11-6	3.35	9.6	76-56	+5.0
1998	7-4	3.07	8.8	70-61	+3.5
1999	11-7	2.38	33.1	75-59	-4.0
2000	12-5	3.11	12.1	69-61	-2.5
2001	1-3	8.44	-11.0	73-67	-6.0
2002	9-8	2.91	12.8	90-49	+16.5
2003	7-6	4.23	-1.1	77-61	-5.5
2004	10-7	4.67	-4.4	74-58	-4.5
2005	11-9	4.70	-9.0	67-69	-18.5

　この11年間で、西武は **97・98・2002・04年** の4回リーグ優勝している。このうち、04年以外は工藤のPRもプラスで、リーグ平均以上の成績だったので、工藤がいなくても優勝でき、いたとしても足を引っ張ることはなかった。04年はレギュラーシーズン2位で、工藤はPR -4.4だったが3位の日本ハムとは7.5ゲーム差があったので大きな影響はなかった。

　また **95・96・2005年** の3年は、西武は12ゲーム以上の大差をつけられていた。この3年は工藤の成績もそれほど良くはなかったので、工藤がいても西武は優勝できなかった。

　次いで **2001・03年** は、西武は5ゲーム前後の差で優勝に手が届かなかった。これらの年に工藤が好成績を挙げていれば、優勝できていたかもしれない。ところがこの両年は工藤のPRはマイナスだった。ただし03年はPR－1.1でそれほど悪くはない。同年の西武先発陣の成績は、松坂（16勝）・三井浩二（11勝）・後藤光貴（10勝）は良かったが、張誌家（7勝7敗、防御率4.98、PR－4.7）と、

とりわけ西口（6勝3敗、6.84、ＰＲ−18.6）が大不振だった。この二人のどちらかと工藤が入れ替わっていても、5.5ゲーム差は跳ね返せなかったかもしれないが、可能性はなくはなかったろう。

　残るは**99・2000年**である。99年の西武は4ゲーム及ばなかったが、この年の工藤は11勝ながらリーグ1位の防御率2.38で、ＰＲ33.1も黒木知宏（ロッテ）に0.1ポイント差の2位と絶好調だった。しかも優勝したのは工藤の移籍先のダイエーだったので、工藤が西武に残っていればほぼ確実に優勝していた。

　翌2000年、巨人に移った工藤は引き続き好調でＰＲ12.1。西武はダイエーに2.5ゲーム及ばず2位だったが、先発投手を13人も起用するなど、ローテーションを固定できずに苦しんでいた。工藤がいたら高い確率で優勝しただろう。**工藤がＦＡとなったことで西武は99・2000年の2回優勝を損した勘定になる。**

　では、清原のＦＡ退団による影響はどうだったか。下の表は清原が退団した**97年**から、レギュラーだった**最後の年となる2005年**までの成績と、その間の西武の一塁手のＲＣを**比較**したものだ。

年度	打率	本塁打	ＲＣ	西武の一塁手	ＲＣ
1997	.249	32	89.2	高木	72.3
1998	.268	23	74.3	高木	78.2
1999	.236	13	42.5	高木	50.7
2000	.296	16	47.7	鈴木	43.9
2001	.298	29	99.4	カブレラ	125.1
2002	.318	12	37.1	カブレラ	170.5
2003	.290	26	74.6	カブレラ	132.6
2004	.228	12	20.9	貝塚	67.9
2005	.212	22	46.2	カブレラ	112.8

巨人時代の清原は成績も良くなかった上に、故障も多かった。そのため、9年間で西武の選手よりＲＣが多かったのは97年と2000年しかなく、2000年も鈴木健との差は3.8ポイントに過ぎない。97年は高木大成より16.9ポイント高かったが、前述のようにこの年西武はどのみち優勝しているので関係はなかった。

　それでは清原が残っていても、西武にはまったく影響を与えなかったのかというと、そうでもない。例えば**01年は打率.298、29本塁打と久々の好成績**で、ＲＣも全盛時並みの99.4だった。同年は49本塁打を放ったカブレラのＲＣが125.1もあったが、ＲＣ55.2の鈴木健の代わりにカブレラをＤＨで使えば、より破壊力のある打線になっていた。前述のように、この年西武はダイエーに2.5ゲーム差の2位だったが、ＲＣで鈴木を44.2ポイント上回る**清原がいれば、優勝していた確率は高かった。**

　03年も清原はＲＣ74.6と好調だった。この年のＤＨは後藤武敏が主に務め、ＲＣ33.2は清原の半分以下。同年はダイエーに5.5ゲーム差の2位で、やはり**清原がいれば優勝していたかもしれない。**

　では、逆に清原がいることがマイナスとなり、優勝を逃した年はあったろうか。この9年間で西武が優勝したのは97・98・2002・04年の4回で、97年についてはすでに述べた通り。98年も清原と高木のＲＣの差はほとんどなかったので、ゲーム差を考えても、清原の存在はマイナスとなることなく優勝していただろう。02年は、清原は55試合しか出場しなかったが、成績自体は打率.313、12本塁打。500打数あたりのＲＣは125.3と、調子自体はかなり良かった。清原が離脱しても、鈴木その他の選手で充分穴埋めできたはずで問題なく優勝しただろう。40試合しか出なかった04年も同様の理由で、清原の存在が足を引っ張った年はなかったと考えられる。

　こうして見ると、**工藤と清原が抜けたために西武が優勝できなかった可能性のある年が、99・2000・01・03年の4度あったこと**になる。彼らが残留していればそれなりの年俸を支払わなくてはな

らず、財政状態は圧迫されていたはずだ。そのあおりで他の主力選手がトレードされ、戦力ダウンにつながっていたおそれもある。それでもやはり、ＦＡ制度の導入によって西武が被った損失がある程度あったのは確かだろう。

Conclusion

　西武は球史に残る素晴らしいチームを作り上げた。82 〜 94 年の13 年間にリーグ優勝 11 回、日本一 8 回。この実績は**Ｖ9巨人に匹敵**し、ドラフト制度施行後で自由に戦力を整えられる時代ではなくなっていたことを考えれば、**Ｖ9以上の偉業**とさえ言える。

　しかも、90 年代のヤクルト（広澤・池山）や 70 年代の広島（山本・衣笠）のように、チーム作りの核となる若手・中堅の選手がいたわけではない。1 年目には田淵ら大物選手を獲得したが、彼らの実際の役割は球団が軌道に乗るまでの広告塔だった。しかし、わずか 4 年の間に松沼兄弟、森、石毛らアマ球界の好選手と、スティーブ、テリーら実力派外国人をかき集め、有能な首脳陣の指導もあってあっという間に日本一へ駆け上った。その間には秋山、伊東、工藤らの有望株を裏技も駆使して獲得し、将来への布石を打っていた。さらにはドラフトで 20 年に 1 人の逸材・清原を引き当てる幸運まで味方にした。堤オーナーの持つ膨大な資金、根本の強引ではあっても的を射た補強、広岡・森体制の確かな指導・育成力の 3 要素が噛み合い、長期にわたって強さを維持できるチームが完成した。チーム作りに関しては、西武こそ理想型と言ってもいい。

　にもかかわらず、強さのわりに人気が出なかったのは、**ファン層の拡大に失敗**したためだ。本拠の西武球場は所沢市郊外にあり、アクセスの手段は事実上西武鉄道に限られている。都心からは直通電車でも 1 時間はかかる距離であり、地元の住民でなければ、仕事帰りに気軽に立ち寄れる場所ではない。住まいが西武沿線でなければ、帰りの足も気にしなければならない。立地条件としては、12 球団

の本拠地球場の中でも最悪の部類に入る。

　このような条件を考えれば、ライオンズは所沢や沿線の各都市でファンを増やさなければならないはずだった。ところが、**この球団は地元密着の姿勢を取ることはなく**、ＵＨＦ局のテレビ埼玉で試合中継を行なっていたくらいである。優勝しても所沢市街でのパレードを行なうこともなく、むしろ所沢市や埼玉県の球団とのイメージがつくことを敬遠していたフシがある。所沢が埼玉県の中央部ではなく、東京のベッドタウンとしての性格が強いこともあって、県民にとってもライオンズに対する地元意識は生まれにくかった。

　西武が球団を買収した当時、まだ地域密着という概念はそれほど日本球界では広まっていなかった。堤オーナーがモデルとしたのは、巨人のように全国にファンを持つ球団で、そのためには所沢や埼玉といった地域色を回避したかったのだろう。だが全国紙の読売新聞、全国ネットの日本テレビに支えられている巨人と違い、メディアの力を利用できない鉄道会社が母体の西武では、ファン層を拡大するには限界がある。試合が全国にテレビ中継されないのでは、どれだけ強いチームを作っても、清原や松坂のようなスター選手がいても、全国区とはなれなかった。しかも球団創設後長い間、堤は選手たちのテレビＣＭ出演を禁じていた。そのため一般的なファンがライオンズの選手を目にする機会は、日本シリーズに限られていた。

　このような状況を打開するため、90年代に堤はセ・リーグと合同しての１リーグ構想を推進したが、ファンの反対で頓挫した。福岡のダイエー／ソフトバンクや北海道の日本ハムが目指し、**成功を収めた地域密着の発想に、西武球団がようやくたどり着いたのは、堤が自身の問題でオーナーから退いたあとだった。**

　最強のチームを作っても、最も愛されるチームにはなれなかったのが堤の計算違いだった。ビジネスマンとして世界一の資産家に上りつめた人物が持っていた球団が、ビジネスとして成功できなかったのは皮肉であった。

1970〜80年代
広島東洋カープ

1975－88（14年間）、Aクラス12回、優勝5回、日本一3回

資金力＝C
スカウティング＝A
育成力＝A
外国人選手＝B＋
監督＝A－

年 度	監督	順位	勝利	敗戦	引分	勝率	ゲーム差
1975	ルーツ／古葉	1	72	47	11	.605	―
1976	古葉竹識	3	61	58	11	.513	14.0
1977	古葉竹識	5	51	67	12	.432	25.0
1978	古葉竹識	3	62	50	18	.554	5.0
1979 *	古葉竹識	1	67	50	13	.573	―
1980 *	古葉竹識	1	73	44	13	.624	―
1981	古葉竹識	2	67	54	9	.554	6.0
1982	古葉竹識	4	59	58	13	.504	8.0
1983	古葉竹識	2	65	55	10	.542	6.0
1984 *	古葉竹識	1	75	45	10	.625	―
1985	古葉竹識	2	68	57	5	.544	7.0
1986	阿南準郎	1	73	46	11	.613	―
1987	阿南準郎	3	65	55	10	.542	11.5
1988	阿南準郎	3	65	62	3	.512	15.0

（＊は日本シリーズ優勝）

阪急が長い苦難の歴史を乗り越え黄金時代を築いた頃、セ・リーグでは同じく長年下位に甘んじていた広島が、成功へ近づきつつあった。50年のセ・リーグ結成と同時に参加したものの、親会社を持たぬ市民球団は慢性的な資金難に苦しめられた。一時はチーム解散の危機にも見舞われたが何とか克服。68年に19年目で2度目の勝率5割を突破すると、以後4年間で3回5割以上と、徐々に実力を蓄えつつあった。

　当時の監督は**根本陸夫**であった。この頃の根本は、のちに西武やダイエーを常勝球団へ導いた剛腕GMではなく、一介の監督に過ぎない。それでも根本の持つ幅広い知識や人脈は、少しずつカープの血となり肉となっていった。例えば、根本の下でコーチを務めていた顔触れである。62年、わずか3年の現役生活にピリオドを打って指導者に転進した**上田利治**。69年限りで上田が去ると、入れ替わりに**広岡達朗**が加わった。広岡は内野守備を徹底的に鍛え、**衣笠祥雄**や**三村敏之**らのちの名手たちを育てた。

　根本は72年限りで退陣したが、その後72年のアリゾナ・キャンプで臨時コーチを務め、評価の高かった**ジョー・ルーツ**が打撃コーチとして入団。広島から南海に移籍し、野村克也の下で指導者としての力量を磨いた**古葉竹識**も73年に戻ってきた。これらの優秀な指導者たちによって若い選手が育てられ、カープは地力をつけていった。

　こうして下地が整っていたところに、75年から新監督としてルーツが抜擢された。ルーツは常に全力プレイを選手たちに求め、精神面からの改革を図る。帽子の色を紺色から、戦う精神の象徴として赤色に変えさせたのもその一環だった。ルーツ自身は開幕後1カ月も経たずして、フロント不信を理由に退団してしまったが、後任監督となった古葉のもとで広島は初優勝を果たす。

　ルーツの目指した野球のエッセンスを受け継ぎつつ、自身の色を織り混ぜて古葉は強いチームを作り上げた。79・80年は2年連続

日本一、84年にも3度目の日本一となり、これは当時のセ・リーグでは巨人に次いで多い回数だった。85年限りで古葉が退団したあとも、翌86年は後を受け継いだ**阿南準郎**の手によって、12年間で5回目のリーグ制覇を果たした。阿南が退陣するまでの15年間が、広島にとっての黄金時代だった。

Impressive Rookies
〈効果的だったドラフト指名〉

　地方都市が本拠であることに加え、資金的な制約もあり、長年カープは新人の獲得に苦労していた。備前喜夫（尾道西高）・藤井弘（盈進商）・山本一義（広島商）ら、広島県内出身の有力選手はいたものの、東京や大阪の有力校の選手からは敬遠されていたし、地元の強豪校である広島商や広陵高の選手さえ、それほど積極的には入団しなかった。広島市出身の張本勲は東映、呉市の広岡や府中市の高橋一三は巨人に、大竹市の広瀬叔功は南海に入っている。これは南海の実質上のGMだった鶴岡一人監督が広島出身で、県のアマチュア球界に大きな影響力を持っていたのも理由の一つだった。山本一も鶴岡の後輩の法政大出身とあって、当初はカープではなく南海入りを希望していた。

　そんなカープの追い風になったのがドラフト制の施行だった。67年には広島商から遊撃手の**三村**、そして68年には広島市出身の法政大のスラッガー、**山本浩司**（のち**浩二**）を1位指名で獲得できた。ドラフト以前に入団していた山本一、衣笠とともに、チームの根幹となる野手たちが揃い始めたのである。

　ただし、クジ運のせいもあってその年の目玉選手はあまり指名できていない。予備抽選によって、1巡目指名の順番がクジで決められるようになっていた67～77年の間の、広島のクジの順番と1位指名選手は次の通りである。

年度	順番	選手	通算成績
1967	12番	井上弘昭	打率 .259、155 本塁打、517 打点
1968	2番	山本浩司	打率 .290、536 本塁打、1475 打点
1969	8番	千葉剛	0 勝 2 敗、防御率 4.50
1970	3番	佐伯和司	88 勝 100 敗、防御率 3.62
1971	4番	道原博幸	打率 .210、5 本塁打、63 打点
1972	8番	池谷公二郎	103 勝 84 敗、防御率 4.13
1973	7番	木下富雄	打率 .240、48 本、221 打点
1974	12番	堂園喜義	出場なし
1975	10番	北別府学	213 勝 141 敗、防御率 3.67
1976	11番	山崎隆造	打率 .284、88 本、477 打点
1977	8番	田辺繁文	0 勝 0 敗、防御率 18.00

　11 年のうち、指名順が 6 番目以内だったのは 68・70・71 年の 3 回だけ。逆に 10 番目以下だったのが 67・74・75・76 年と 4 回もあった。クジ運に関しては、この期間は決して恵まれてはいなかった。

　68 年は 2 番目で山本、70 年は 3 番目で佐伯（広陵高）と、上位指名権を得た年は着実に地元の目玉選手を確保している。71 年も 4 番目だったが、広島商から亜細亜大に進んだ山本和行は 2 番目で阪神に指名されてしまった。同じように、地元の有力選手を指名できなかったのは 67 年の村田長次（のち兆治。福山電波工、東京／全体 6 番目）75 年の田中由郎（三菱重工三原、ロッテ／1 番目）、76 年の黒田真二（崇徳高、日本ハム／9 番目）などの例があるが、それぞれ井上・北別府・山崎を指名でき、村田以外は結果的に吉と出た。

　指名した 11 選手中、**井上・山本・佐伯・池谷・木下・北別府・山崎**の 7 人は主力に成長した。これはかなりの高確率である。山本や佐伯は別として、北別府は全国的には無名に近く、山崎も甲子園で活躍はしたが目玉級の高評価ではなかった。2 位以下でも**水沼四郎**（68 年 2 位）や**高橋慶彦**（74 年 3 位）、そして 75 年は 2 〜 4 位

で山根和夫、長内孝、小林誠二を指名した。指名方式が変更されてからも川口和久（80年1位）のように、知名度は低くとも素質のある選手を獲得し、大きく育てている。高橋や川口、ドラフト外では大野豊や長嶋清幸を発掘した名スカウトの木庭教が在籍していたのも、カープのドラフトに当たりが多かった理由だったろう。

　2016年に25年ぶりの優勝を果たした際も、丸佳浩・菊池涼介・鈴木誠也ら生え抜きの選手が活躍して育成の勝利と言われたが、半世紀近く前の黄金時代も同じようにして作られていた。

Important Newcomer
〈優勝請負人・江夏〉

　77年オフの野村克也監督解任騒動で南海を飛び出した江夏豊は、78年に金銭トレードで広島に移籍する。以後80年まで3年間在籍し23勝15敗55セーブ、79年は9勝5敗22セーブ、ＰＲ16.2でＭＶＰに輝いている。全盛時は阪神で、日本ハムでも優勝した江夏だが、79・80年に日本一になったこともあって「広島時代が一番幸せだった」と言っている。

　では、広島投手陣にとって江夏の存在はどのような意味があったのだろうか。江夏入団の前年、77年のカープには専属の抑え投手は不在で、池谷公二郎と松原明夫がそれぞれ5セーブずつ稼いでいただけだった。下の表は、77～81年に広島が6回終了時以降、リードが3点以内だった場合の勝敗である。

年度	勝敗	勝率	江夏登板時	勝率	江夏の成績
1977	32勝5敗7分	.865			
1978	34勝8敗9分	.810	16勝7敗7分	.696	5勝4敗12S
1979	49勝4敗3分	.925	31勝1敗3分	.969	9勝5敗22S
1980	52勝5敗4分	.912	27勝4敗4分	.871	9勝6敗21S
1981	49勝8敗3分	.860			

面白いことに、移籍1年目の78年は勝率が前年よりも下がり、しかも江夏が登板したときのほうが、リードを守れなかったケースが多かった。同年の江夏のセーブは12個しかなく、調子もあまり良くなかったのに加え、広島首脳陣が起用法を今一つ把握しきれていなかったことも窺える。

　だが79年はシーズンを通じて、試合終盤に逆転されるケースはほとんどなかった。4敗中3敗は10月以降に喫したもので、9月末までは45勝1敗とほぼ完璧だった。江夏のセーブ失敗も7月31日の巨人戦が唯一であり、"守護神・江夏"の図式が完成して4年ぶりのリーグ優勝につながった。

　続く80年の江夏はPR9.8と3年間で最も低く、敗戦数も最も多かった。それでも接戦のまま終盤に持ち込めば、江夏が投げる投げないにかかわらず、チームは前年に続き9割以上の確率で勝利を収めていた。

　江夏の加入前の77年と退団後の81年は、同じ条件の試合での勝率が8割6分台で、79・80年はこれより明らかに高い。江夏自身が火消しをしたケースだけでなく、「いつでも江夏を投入できる」状態で先発投手を続投させ、そのまま勝ちきった試合も多かった。山本浩をさしおいて79年のMVPを受賞した点には疑問もないではないが、79・80年のリーグ優勝に関しては、江夏の貢献が大きかったことは間違いない。

Management/Strategy
〈パワーとスピードのミックス〉

　70年代のカープ野球の特徴は、**長打力と機動力を上手にブレン**ドさせていた点にある。74年までは**山本浩**が素質を完全には開花させておらず、外国人のスラッガーもいなかったので、本塁打数は常にリーグ下位だった。

だが75年に山本浩が初めて本塁打を30本台に乗せると、新外国人のゲイル・ホプキンスも33本。30本以上の打者が2人出たのは球団史上初だった。78年には山本浩が44本、エイドリアン・ギャレットも40本で、衣笠とジム・ライトルを合わせて30本以上は4人に増え、チーム本塁打数も205本でリーグ1位になった。山本浩は81年まで5年連続40本塁打以上、衣笠もコンスタントに20本台を記録。76年以降は水谷実雄も20本台に届きはじめ、外国人打者も合わせ、20本以上打てる打者が常に5人揃うようになった。

　当時の本拠地・広島市民球場は狭い球場とのイメージがあったかもしれないが、他と比べて特別狭かったわけではない。

〈70年代のセ・リーグ各球団本拠地球場の広さ〉
後楽園：両翼87.8/中堅120.7
甲子園：96.0/120.0
ナゴヤ：91.4/111.9
広島：91.4/115.8
神宮：91.0/120.0
川崎：89.0/118.0

　広島の両翼は甲子園に次いで広く、センターまでの距離は短かったが、ナゴヤ球場よりは遠かった。当時、広島より明らかに大きかったのは甲子園と神宮だけで、広島打線の本塁打数は球場のサイズに助けられたものではなかった。

　スピードを強調した作戦は、現役時代の古葉が得意としたところだった。64・68年の2回盗塁王となり、通算263盗塁。監督となった古葉が、機動力を積極的に使おうと考えたのは当然だった。次の表は、66年から80年までの15年間の広島の本塁打数と盗塁数、そしてそのリーグ順位を示したものだ。

108

年度	本塁打	順位	盗塁	順位	盗塁の多い主な選手（個数）
1966	78	6	44	6	
1967	82	6	66	3	
1968	112	6	104	2	古葉（39）今津（25）
1969	121	5	101	1	衣笠（32）
1970	108	4	109	1	
1971	89	5	104	2	山本（25）
1972	117	5	73	3	
1973	104	5	59	4	
1974	127	5	49	5	
1975	131	3	124	1	大下（44）山本（24）
1976	169	3	86	1	衣笠（31）
1977	163	6	124	1	衣笠（28）山本（22）
1978	205	1	54	4	
1979	172	1	143	1	高橋（55）
1980	161	1	108	2	高橋（38）

　長打力がないチームは、必然的にそれをスピードで補おうとする
もので、71 年までは 4 年連続で 100 盗塁以上、69・70 年は 1 位だっ
た。ところが 72 年以降は盗塁が激減し、74 年には 5 位の 49 個に
まで減っていた。69 年に 32 盗塁を決めていた衣笠が 7 個にとどま
るなど、チーム全体に盗塁に対する意識が低下していた時期だった。

　この点を解消すべく、75 年に日本ハムから広島出身の**大下剛史**
を獲得する。それまで 8 年間で 216 盗塁、74 年も 34 盗塁を決め
ていた大下は、早速 44 盗塁でタイトルを獲得。彼の加入によって
盗塁数は 2.5 倍の 124 個に増加し、一挙にリーグ 1 位となった。大
下だけでなく山本が 18 → 24 個、衣笠が 7 → 18 個、捕手の水沼も
3 → 11 個と全体的に盗塁数が増えたのは、古葉によるスピード重
視の意識づけが成功した証だろう。

以後、77 年まで 3 年連続で盗塁数トップだったが、大下がレギュラーでなくなった 78 年は 54 個で 4 位と激減した。これは本塁打が急激に増え、スピードに頼らずとも得点力が増えたからかもしれないが、その機動力を蘇らせたのが**高橋慶彦**だった。城西高時代は投手だった高橋は、75 年にプロ入りするとすぐ足を生かせる野手に転向し、同時にスイッチヒッターに挑戦した。その練習量は伝説的なもので、文字通り血の滲む努力を重ねてレギュラーとなった。高橋が 55 盗塁と走りまくり、正遊撃手の座を不動のものとした 79 年、チーム盗塁数は 3 倍近い 143 個へ回復する。

　こうしてパワーとスピードをミックスした隙のない攻撃陣が完成し、78 年以降の 4 年間で 3 回得点は 1 位を記録した。80 年代のカープは投手力のチームというイメージが強くなったが、**黄金時代の前半の強さは攻撃力**によるところが大きかった。

Key Player
〈三塁コンバートに成功した衣笠〉

　山本浩とともに黄金時代の広島を支えた名選手・**衣笠**は、プロ入り当時は捕手だった。65 年に一軍に昇格したときも、守備についた 18 試合はすべて捕手で出場している。だが 66 年以降は、一時的に外野へ回った時期を除いて、一貫して一塁手として出場していた。それが 75 年から、新監督となったルーツのアイディアで三塁へコンバートされる。空いた一塁には新外国人のホプキンスが入り、打線全体の厚みが増した。

　だが、もっと早くから三塁を守らせる選択肢はなかったのだろうか？　三塁転向後の衣笠は、ダイヤモンド／ゴールデングラブを 3 回受賞する名手となった。もちろん本人の努力があってのことだが、転向時の年齢は 28 歳。76 年に盗塁王となった身体能力の高さ、連続試合出場の世界記録を樹立した体の強靭さと意志の強さを考えれば、もっと早くから三塁を守らせても充分に務まったのでは……と

思われる。

　下の表は、衣笠が一軍に定着した68年から、三塁にコンバートされる前年の74年までの、**カープの三塁手の成績**である。

	三塁手	打率／本 塁打／打点	RC	衣笠	打率／本 塁打／打点	RC
1968	朝井	.201/ 8/31	19.6		.276/21/58	75.3
1969	朝井	.209/ 9/26	24.3		.250/15/46	51.2
1970	井上	.209/13/29	33.7		.251/19/57	56.9
1971	井上	.216/ 5/17	28.7		.285/27/82	91.5
1972	西本	.184/ 1/13	9.3		.295/29/99	91.4
1973	上垣内	.218/ 2/19	20.0		.207/19/53	50.9
1974	上垣内	.237/ 5/18	24.7		.253/32/86	71.8

　表を見れば一目瞭然だが、三塁は長い間カープのウィークポイントになっていた。この間、打率は74年の上垣内誠の.237、打点は68年の朝井茂治の31が最多という貧打ぶり。65年まで正三塁手だった興津立雄が、故障の影響で守れなくなってからは、66年から9年間の長きにわたってRC 35以上の選手が一人もいなかったのである。

　衣笠を捕手から一塁ではなく、三塁にコンバートしていれば、遅くとも70年頃までにはレギュラーを確保できていたと思われる。コンバートを決めたルーツの慧眼は評価できるとして、それまでの首脳陣がこの可能性に気づけなかったのは残念だった。

　一塁から三塁へ回り、衣笠自身の選手としての価値も上がった。次頁の表は、正一塁手に定着した68年から74年までと、三塁に転向した75年から引退する87年までの、**衣笠の500打数あたりの打撃成績**である。

1970〜80年代　広島東洋カープ　111

年代	打率	本塁打	打点	盗塁	出塁率	長打率	RC
1968-74	.260	26	77	15	.348	.454	78.6
1975-87	.277	28	78	14	.345	.490	83.3

　盗塁と出塁率がわずかに下がった以外、すべて三塁コンバート後のほうが数字が良くなっていて、ＲＣは4.7ポイントも高い。守備の負担が一塁より重くなる三塁でこれだけの打撃成績を残したのだから、ますます最初から三塁を守らせておけば良かったと思えてならない。

　ただし実際には、60年代後半にはセ・リーグが全体的に投高打低、逆に80年代前半は打高投低の傾向があったので、三塁手時代の数字は実態よりも見かけが良くなっている。そのため、年代修正および守備位置修正を加えたＰＡＲＣでは、三塁手時代（74.7）のほうが一塁手時代（75.6）より0.9ポイント低い。けれども、一塁手時代の年齢は伸び盛りの21〜27歳で、三塁手時代は引退する40歳までの数字を含んだもの。急激に成績が下降した最後の2年間を除くと、三塁手時代のＰＡＲＣ/500打数は78.5で、一塁手時代を2.9ポイント上回っている。

　いずれにせよ、衣笠の三塁転向により75〜76年はホプキンスが、その後は水谷が一塁に入ることができ、カープは一塁と三塁の両方に強打者を配置できた。これが攻撃力の向上につながったのは当然で、このコンバートが広島に4度のリーグ優勝をもたらしたと言っても言い過ぎではない。

Decline Phase
〈高卒投手たちの伸び悩み〉

　88年、3位に終わると阿南監督が退任して、予定通り山本浩が後任となる。91年には**佐々岡真司**がＭＶＰに選ばれリーグ優勝を果たしたが、次の優勝までは25年もの時間が必要だった。

90 年代に入っても、広島は素晴らしい選手を生み出し続けた。特に野手は**野村謙二郎・江藤智・前田智徳・緒方孝市・金本知憲**と、プロ野球史上に残る名選手が揃っていた。それでも優勝には縁がなく、次第にＡクラスからも遠ざかっていった。

　その大きな原因の一つは、ＦＡ制度の導入後に川口・江藤・金本ら主力選手が次々と抜けていったことだが、それだけではない。**衰退の真の理由は投手力の低下**にある。とりわけ、北別府以降は高卒投手が全然育たなくなった。

　下の表は、77 ～ 91 年の 15 年間に広島が**ドラフトで指名した高卒投手の通算成績**である（広島在籍時のみ）。

年度	順位		試合	勝敗	防御率	PR
1977	1 位	日辺繁文	1	0-0	18.00	-1.5
	2 位	〒地勝治	—			
	5 位	川中圭三	—			
1978	2 位	大久保美智男	6	0-0	3.60	0.0
1979	1 位	片岡光宏	5	0-0	10.50	-4.4
	3 位	滝口光則	3	0-0	12.00	-2.6
1981	3 位	高木宣宏	97	16-18	3.85	6.4
1982	4 位	太田龍生	—			
1983	3 位	紀藤真琴	380	65-55	3.98	-21.9
	5 位	石本龍臣	—			
1984	1 位	杉本正志	—			
1985	4 位	谷下和人	—			
	5 位	足立亘	38	4-11	4.13	-0.9
1986	2 位	小野一也	—			
	4 位	望月一	161	21-19	3.94	-9.4

(※つづき)

年度	順位		試合	勝敗	防御率	PR
1987	1位	川島堅	18	1-4	4.83	-8.4
	2位	石貫宏臣	81	5-3	3.32	3.4
	3位	北原喜久男	―			
	4位	水沢英樹	―			
	5位	塚本善之	―			
	6位	芦沢公一	―			
1989	3位	前間卓	38	3-2	4.67	-3.8
	5位	山口晋	―			
1990	2位	小野幸一	―			
	3位	高橋英樹	97	7-8	4.37	-13.7
	4位	山崎健	94	16-13	4.19	-6.2
	5位	小林敦司	53	1-1	4.13	-0.9
1991	3位	佐藤貞治	4	0-0	8.10	-1.6

　この表以外に、79年にPL学園からドラフト外で入団した**金石昭人**が通算40勝、PR53.4を記録している。しかしドラフトで指名した選手では、成功したと言えるのは65勝の紀藤一人で、その紀藤も通算PRはマイナスとなっている。

　特に痛かったのは、上位指名の選手たちがことごとくものにならなかったことだ。1位指名の4人はわずかに川島が1勝しただけ、2位も5人中3人は一軍登板がなく、石貫が中継ぎで挙げた5勝のみである。

　このうち、最も有望視されていたのは川島だった。東亜学園高時代に甲子園で活躍した川島は、ドラフトで広島・阪神・近鉄の3球団が抽選に参加するほどの高評価だった。実際、プロ1年目に一軍デビューを飾り、最初の2年間は登板こそ少なかったものの比較的良い成績を収めていた。故障さえなければ、90年代のカープのエースとなっていたかもしれない。4位以下の下位指名から拾い物が出

てくることもなく、90年4位の山崎が16勝を挙げた程度である。

　この間77年に**大野**、81年に川口、84年に川端順、86年に**長冨浩志**、90年に佐々岡と、社会人から好投手を獲得して投手陣の質は保たれてきた。けれども、これほど長期間にわたって高卒投手を育てられなかった結果、じわじわと投手陣は弱体化していった。

　しかも90年代には逆指名制度が導入されて、広島はドラフト制施行以前と同じように、有力新人の獲得に苦労するようになった。巨人はもちろん、西武・中日・ダイエーといった懐の豊かな球団、阪神・ヤクルトなど人気のある球団へと、アマチュア選手はなびいていった。

　資金的な制約から、マネーゲームになると太刀打ちできない苦しい現実もあった。だがそれ以上に、**どうしても欲しい選手については最後まで獲得に向かう姿勢も欠如**していたように映る。90年は小池秀郎（亜細亜大）、91年は若田部健一（駒澤大）と、その年の目玉選手を積極的に入札していた。ところが92年の目玉だった松井秀喜（星稜高）を回避したあたりから、少しずつおかしくなる。95年の福留孝介（ＰＬ学園）、97年の川口知哉（平安）、98年の松坂大輔（横浜高）もいずれも回避。福留は巨人、川口はオリックス、松坂は横浜を希望球団に挙げていたことで、早々にあきらめてしまったようだ。

　99年は河内貴哉（国学院久我山高）の入札に参加し、見事に引き当てたが、河内は12球団ＯＫの姿勢だった選手。その後も目玉と称されるような選手が他球団を希望していたときは、まったくと言っていいほど指名していない。こうした弱気な姿勢が、カープを弱体化させる原因の一つとなっていた。

What would have happened if...
〈原辰徳が入団していたら？〉

　80年のドラフトで、広島は東海大の**原辰徳三塁手**を1位入札した。

高校時代から全国区の人気を誇った大学ナンバーワン野手に対しては、他にも巨人・大洋・日本ハムが入札し、抽選の結果巨人が交渉権を引き当てた。なお抽選を外した広島は、川口和久（デュプロ印刷）を代わりに1位指名した。川口は1位確実というほどの知名度はなかったので、仮に原を引き当てていても2位で指名できたかもしれない。

　巨人もしくは在京セ球団を希望していた原だが、古葉監督と原の父・貢は旧知の仲だったので、関係者は広島が交渉権を獲得しても入団したはずだと言っている。もし広島・原辰徳が実現していたらどうなっていただろうか？

　当時、カープの正三塁手は衣笠だった。山本とともにチームの看板だった選手が、いくら鳴り物入りの大型新人であってもポジションを明け渡すとは考えられない。巨人でも中畑清が三塁を守っていたため、原は当初二塁にコンバートされた。三塁へ移ったのは中畑がケガをしてからである。

　となると、広島でも原は三塁を守ることは、少なくとも1年目はなかったろう。一塁にも水谷がいたので、残るは二塁しかなかった。80年当時の正二塁手は**三村**だったが、すでに32歳で選手生活の晩年にさしかかっていた。すぐにはポジションを譲らなかったかもしれないが、いずれ原が正二塁手になっていたと考えられる。

　しかも、80年代前半の広島は正二塁手が不在だった。遊撃から二塁に回った三村が衰え、81年は**木下**が主に二塁を守ったが、打撃の弱さもあって完全に定着してはいなかった。83年に獲得した外国人の**ティム・アイルランド**は2年間在籍しただけで帰国。85年には再び木下の出番となり、ようやく86年後半から**正田耕三**がレギュラーに定着している。

　次頁の表は、この間の**広島の二塁手の出場試合数とＲＣ**、同期間の**原のＲＣ**を示したもの。さらに、原のＲＣは二塁を守っていた場合には、守備の負担によって下がっていた確率が高い。歴史的に見

て、二塁手のＲＣは三塁手に比べて 12.3％ほど低いので、原のＲＣ
にもこの比率による修正を加えた。

年度		試合	RC	原の RC	修正後
1981	木下富雄	112	30.7	67.2	58.9
1982	木下富雄	101	40.5	85.3	74.8
1983	Ｔ・アイルランド	91	51.2	108.8	95.4
1984	Ｔ・アイルランド	104	28.9	89.3	78.3
1985	木下富雄	91	32.2	100.3	88.0
1986	正田耕三	87	25.0	92.4	81.0

　守備の負担増を考慮した修正を加えてもなお、原のＲＣは広島
の選手を 30 〜 50 ポイントほど上回った。6 年間の平均修正ＲＣは
79.4 で、二塁手としてはかなり高い。同時期に阪神で主に二塁手だっ
た岡田はＲＣ 77.6 だったので、原のほうが上回っていた計算になる。
　では、原はずっと二塁手のままだったのか？　その可能性もある。
衣笠は 30 代後半になってもなお、ゴールデングラブ賞に選ばれる
ほどの守備力があったからだ。同賞が真の守備力を表していたかは
ともかく、少なくとも記者たちが投票をためらうほど悪くはなかっ
たはず。衣笠を押しのけてまで、原を三塁へ回す必要性には迫られ
なかっただろう。
　原に二塁手としての適性があったかどうかは、二塁を守った期間
が短かったので、はっきりしたことは言えない。シナリオは二つ考
えられる。一つは二塁守備に慣れて、史上有数の強打の二塁手となっ
たというもの。もう一つは二塁失格の烙印を捺され、他のポジショ
ンにコンバートされたというものだ。
　守備面で破綻がなく、また守備の影響が打撃に及ばなければ、原
の打力は大きなアドバンテージになっていたはずだ。岡田やメ
ジャー移籍後の岩村明憲のように、三塁から未経験の二塁にコン

バートされても難なく順応した選手もいるので、原に不可能だったとは決めつけられない。もし成功していれば、80年代前半の広島内野陣は一塁＝水谷、二塁＝原、三塁＝衣笠、遊撃＝高橋という極めて強力な顔ぶれになっていた。

　もし二塁が務まらないと判断されていたら、おそらくレフトを守っていただろう。当時の広島の外野はセンターが山本、ライトはライトルで、81年のレフトは**ラリー・ガードナー**だった。ガードナーは82年に極端な打撃不振に陥り、この年限りで解雇されている。この辺りから原がレフトを守るようになっていた可能性もあっただろう。

　いずれにせよ、原が入団していたら山本・衣笠の後継者として活躍したに違いない（背番号はガードナーがつけた5番だったか）。巨人時代はONの後継者としての巨大な重圧に悩まされ、勝負強さに欠けるなどマイナスイメージで語られることも多かったが、広島ではそこまで厳しいプレッシャーではなかったはず。巨人にいるほどは人気が出なくとも、その代わり息の長い選手生活を送って、広島の黄金時代もあと数年間は延びていたと考えられる。原の指名権を得られなかったことは、カープにとっては痛恨だった。

Conclusion

　広島は次章の阪急と多くの共通点がある。両球団ともかつてはリーグのお荷物だったのが、ドラフト制度を利用して着実な補強に成功した。広島の場合は、自由競争時代から衣笠・安仁屋宗八・外木場義郎ら優秀な人材が揃い始めており、そこへドラフトによって三村・水谷・山本が加入した。ただ、彼らの実力が本格的に花開くまでには多少の時間を要した。70年代中盤以降、広島の猛練習はチームの代名詞となったが、阪急における西本幸雄と同じように、広島では広岡やルーツ、古葉らのコーチ陣が情熱を持って指導に当たり、選手たちがこれによく応えた。

こうして基礎力が上がっていたところに、良質な外国人選手が加わったのが起爆剤となった。どんな球団でも外国人選手の当たり外れはあるものだが、70年代後半の広島は見事に"当たり"に恵まれた。駐米スカウトの**フィーバー平山**の選手を見る目も確かだったのだろうが、良い時期に良い選手が入ってきたのは巡り合わせも良かったのだろう。

　リリーフエースとして江夏が加入したのも大きかった。これほど実績のある投手を、金銭トレードで獲得できるケースは滅多にない。ところが南海でお家騒動が発生して江夏がトレードを希望し、なおかつトラブルメーカーである彼の獲得に及び腰の球団が多かったため、犠牲を払うことなく広島が手に入れてウィークポイントを埋められた。さらには外的な要因として、巨人がONの引退でチーム力を落としていた時期だったこともある。**こうした数々の要素が最高のタイミングで揃った結果**、地方都市の低予算球団は一時代を築くに至った。

　2016年のカープも、黄金期と似たような過程を経ている。丸、菊池ら若手の成長が下地になり、優秀な駐米スカウトが連れてきた**ブラッド・エルドレッド、クリス・ジョンソン**らの外国人も大いに貢献。阪神から戦力外になって格安の条件で契約した**新井貴浩**や、メジャー・リーグから"男気契約"で戻ってきた**黒田博樹**は、想定外の大物新戦力という点で江夏に比定できる。巨人の戦力がひと頃に比べて落ちている状況も同じだ。

　FA制度があって、戦力の移動が以前より簡単になった現在のプロ野球では、球団の躍進や衰退のペースも速まっている。カープが前回の黄金期を継続できなかった理由が、高卒投手育成の失敗にあったのは、すでに見た通り。同じ轍を踏みさえしなければ、これから30年前のような黄金期を再現できる確率も高まるだろう。

1960～70年代
阪急ブレーブス

1963－78（16年間）、Aクラス12回、優勝9回、日本一3回

資金力＝Ｂ－
スカウティング＝Ａ
育成力＝Ａ
外国人選手＝Ａ
監督＝Ａ

年 度	監督	順位	勝利	敗戦	引分	勝率	ゲーム差
1963	西本幸雄	6	57	92	1	.383	30.5
1964	西本幸雄	2	79	65	6	.549	3.5
1965	西本幸雄	4	67	71	2	.486	21.5
1966	西本幸雄	5	57	73	4	.438	22.0
1967	西本幸雄	1	75	55	4	.577	―
1968	西本幸雄	1	80	50	4	.615	―
1969	西本幸雄	1	76	50	4	.603	―
1970	西本幸雄	4	64	64	2	.500	16.5
1971	西本幸雄	1	80	39	11	.672	―
1972	西本幸雄	1	80	48	2	.625	―
1973	西本幸雄	2	77	48	5	.616	(3/1)
1974	上田利治	2	69	51	10	.575	(1/3)
1975 *	上田利治	1	64	59	7	.520	(1/6)
1976 *	上田利治	1	79	45	6	.637	(1/1)
1977 *	上田利治	1	69	51	10	.575	(1/2)
1978	上田利治	1	82	39	9	.678	(1/1)

（＊は日本シリーズ優勝）

長い間、阪急ブレーブスはパ・リーグのお荷物球団とされてきた。実際には近鉄のほうがずっと重い"荷物"だったが、1950年のパ・リーグ結成時から参加した近鉄とは違い、阪急は36年のプロ野球開始時からの歴史ある球団。しかしながら優勝争いに絡むことは滅多になく、同じ関西の球団である阪神や南海とは人気も実力も大差があった。本業の鉄道会社としては両社よりも格上と見なされていたのに、野球でだけは勝てない屈辱の日々が続いていた。

　風向きが変わったのは、63年に**西本幸雄**が監督に就任してからである。60年に大毎オリオンズをリーグ優勝に導き、采配能力の高さを証明していた西本は、熱血指導で阪急のチームカラーを変えていく。就任の弁で西本は「技術面よりもむしろ反骨精神を植えつけたい。少々のケガには眼をつぶって徹底的に鍛える。選手に甘い顔を見せてはいかん」と述べた。「2時間ほど練習したら、もう体力が続かない」選手ばかりだった阪急は、西本の課した猛練習によって見る見るうちに体質が変わっていく。単に厳しいだけではなく、陸上競技のサーキット・トレーニングをプロ球界で初めて採り入れるなどして、封建的で無駄の多かった練習方法はグループ別の効率的なやり方に改められた。投手コーチの真田重蔵、打撃コーチの青田昇もまた、厳しい指導で若手を育て上げた。

　64年には**ダリル・スペンサー**、**ウインディ**（ゴーディ・ウィンドホーン）の両外国人が加入し、また新人選手を多数入団させて血の入れ替えも進められた。65年のドラフトでは大砲・**長池徳二**の獲得に成功、戦力面も次第に充実していく。こうして西本が監督に就任して5年目の67年、球団結成32年目にして初のリーグ制覇が成し遂げられた。以後69年までリーグ3連覇、68年秋のドラフトでは**山田久志・加藤秀司・福本豊**の名選手トリオを指名して、黄金時代の中心メンバーが揃った。

　西本が73年限りで退任したあとも、コーチから昇格した**上田利治**によって強さは継続された。75年の日本シリーズで広島を破り

1960〜70年代　阪急ブレーブス　123

初の日本一になると、76・77 年は宿敵巨人を倒しシリーズ 3 連覇。
78 年までの 12 年間で 9 回もリーグ優勝を果たした。投打のバラン
スに優れ、個性的な選手とスマートな選手がともに揃っていたこの
時期のブレーブスは、人気面では巨人や阪神に圧倒的な差をつけら
れてはいたものの、魅力という点では客観的に見て全然引けを取ら
ないチームだった。

Impressive Rookies
〈長池と 68 年ドラフトの大成功〉

　阪急が黄金時代を築いた最大の理由が、**新人補強の素晴らしさ**で
ある。65 年の第 1 回ドラフトでは法政大の**長池**を 1 位で指名。長
池は素質があっただけでなく、非常に練習熱心でもあり、その練習
量は西本さえ感嘆したほど。努力が実って、2 年目以降はリーグを
代表する長距離砲に成長する。

　長池入団以前の阪急打線は長打力不足に苦しんでおり、下の表に
あるように、チーム本塁打数は 60 年から 63 年まで 4 年連続リーグ
最下位。64 〜 65 年はスペンサーが 30 本以上打っていたが、66 年
はまた最下位で、入団 1 年目の長池も 7 本のみだった。しかし 67
年に長池は一挙に 27 本へ伸ばし、以後は毎年 30 〜 40 本以上を量
産した。投手では梶本隆夫・米田哲也の両御大に足立光宏、石井茂
雄ら優れた人材が揃っていた阪急だが、打線が足を引っ張って勝て
ない年が多かった。そうした悩みは長池やスペンサー、ウインディ
の加入によって解消されていった。

60 年代の阪急の本塁打数

年度	本数	順位	最多本塁打	本数
1960	64	6 位	中田昌宏	14
1961	65	6 位	中田昌宏	29
1962	60	6 位	中田昌宏	12

1963	86	6位	中田昌宏	22
1964	141	2位	D・スペンサー	36
1965	130	2位	D・スペンサー	38
1966	89	6位	D・スペンサー	20
1967	143	1位	D・スペンサー	30
1968	154	2位	長池徳二	30
1969	154	1位	長池徳二	41

　長池の成長は、彼自身の成績以上の効果をチーム全体にもたらした。入団当時の阪急の状況を、長池は次のように述懐する。
「当時の阪急の選手は本当に練習しませんでした。でも、僕が室内練習場でいつも打ってたら、ひとり、ふたり練習に来る選手が増えてきました。順番待ち、場所の取り合いになってきてから本当の黄金時代になっていきました」「練習しない人たちは成績を残せない。僕がドンドンいい数字を出して、タイトルも獲得していくのを見て、みんなもやらないかんとなっていったんでしょうね。それから、阪急の練習はすごいといわれるようになりました」（『パ・リーグを生きた男　悲運の闘将・西本幸雄』）
　在籍期間の短い外国人選手に大砲の役割を依存していると、その選手が帰国したとたんに長打力不足に陥ってしまう。そのため、長期間にわたって強いチームを作ろうとするなら、国産の長距離砲を育成する必要がある。中軸に長池を据えることで、柱ができた阪急打線は安定した得点力を生み出し続けたのである。
　そして68年のドラフトの大成功により、真の黄金時代が築かれる。1位で通算284勝、MVP3回の**山田久志**。2位で2055安打、347本塁打の**加藤秀司**。そして下位の7位で2543安打、1065盗塁の**福本豊**が入団した。12位の門田博光を取り逃がしたのは後から考えれば残念だったが、球史に残る3人の名選手を一度に獲得できたこのドラフトは、ブレーブスの命運を大きく変えた。この年は、

他球団も有力な新人を数多く指名した史上屈指の豊作年だったが、それでも質・量ともに、この年の阪急を上回る成果を挙げたドラフトは例がない。

実は、これ以降の阪急のドラフトは成功しているとは言いがたい。74年に**山口高志**を獲得するまでの5年間に指名した選手で、戦力となったのは70年2位の**今井雄太郎**のみ。その今井も78年まで一軍に定着できなかった。この間、73年には江川卓（作新学院）の指名に打って出てあえなく撃沈。75年も1位指名の住友一哉（鳴門工）に入団を拒否された。

こうした失敗例にもかかわらず、阪急がドラフト上手だったような印象があるのは68年組のおかげだ。下の表は、65年から76年まで阪急に入団して活躍した選手である。

年度	順位	選手	成績	RC/PR
1965	1位	長池徳二	打率.285、338本塁打、969打点	919.5
	3位	住友平	打率.246、55本塁打、236打点	275.2
1966	1位	水谷孝	53勝27敗1セーブ、防御率3.17	18.9
	5位	阪本敏三	打率.272、97本塁打、449打点	638.9
1967	2位	宮本幸信	54勝42敗30セーブ、防御率3.63	-9.8
1968	1位	山田久志	284勝166敗43セーブ、防御率3.18	298.6
	2位	加藤秀司	打率.297、347本塁打、1268打点	1387.0
	7位	福本豊	打率.291、208本塁打、884打点	1637.2

年度	順位	選手	成績	RC/PR
1970	2位	今井雄太郎	130勝112敗10セーブ、防御率4.28	-36.1
1974	1位	山口高志	50勝43敗44セーブ、防御率3.18	30.6
1975	2位	簑田浩二	打率.279、204本塁打、678打点	838.5
1976	1位	佐藤義則	165勝137敗48セーブ、防御率3.97	23.8

　表の選手のうち、66年（1次）の水谷以外はみな大学・社会人出身者だ。68年の名選手トリオも全員社会人で、表にはないが69年も三輪田勝利、70年は小松建二と、2年続けて大昭和製紙の選手を1位で指名している。阪急は徹底して即戦力路線を推し進めて成果を挙げていた。

　前述のように、73年は江川、75年は住友と高校生投手を指名していずれも入団拒否に遭っていた。この頃の阪急は強さと人気が比例せず、特に大学や社会人など進路の選択肢に事欠かない高校生には、拒否される確率がかなりあった。大学・社会人の指名が多かったのは、年齢的な理由で（高校生に比べれば）拒否されにくいからでもあったのだろう。

　阪急自身の育成能力にも問題がなかったわけではなく、高卒選手が1位指名で入団してもほとんど大成しなかった。66年2次の平林二郎（中京商）は内野の控えどまり。67年の渡辺一夫（東北福祉大付）は3年間で引退した。72年の石田真（足利工）も一軍では1勝だけ。ドラフト制施行以来、水谷以外の高卒指名選手が一軍の戦力となったのは、78年2位の石嶺和彦（豊見城高）まで例がなかった。当たり前のことではあるが、猛練習を課したらどんな選手でも一流になるわけではない。

　もっとも、68年トリオをはじめとした中心選手たちが元気でい

る間はそれでも問題はなかった。また次に述べるように、トレード
や外国人選手の補強によって、育成能力の問題は充分にカバーでき
ていた。

Important Newcomer
〈優れた2人の外国人二塁手〉

　阪急は外国人選手の獲得も上手で、特に内野手が多く活躍してい
た。低迷期にもラリー・レインズ、チコ・バルボンらが好成績を残
していたが、黄金時代の形成にあたって最大の貢献があったのは**ス
ペンサー**だった。

　メジャーでもジャイアンツのレギュラーで通算105本塁打を打っ
ていたスペンサーは、64年に阪急に入団すると打率.282、36本塁打、
94打点で、長打率.556は1位。翌65年も.311、38本で、出塁率.424
と長打率.649は、この年三冠王になった野村克也をも上回っていた。
ＰＡＲＣは64年が131.5、65年は141.0を記録している。

　こうした主軸打者としての働きに加え、猛烈なスライディングも
他球団の脅威となった。しかし、スペンサーがある意味で戦力面
以上に貢献したのは、"**考える野球**"の概念をもたらした点だった。
彼は対戦する投手の癖や球種、攻め方などを克明にノートに記して
いた。当初は自分だけのために使っていたのだが、自分が打つだけ
ではチームが勝てないので、チームメイトにも内容を公開する。や
がてはその他の選手もメモを取るようになり、投手の癖を探る技術
が上達した。スペンサーは「日本の野球をより進化させたのは私な
のだ……私が弱小だった阪急ブレーブスを最下位からリーグ優勝に
導いた」と自負しており、西本も「（外国人選手の中で）日本の野
球に何かを残したという点ではスペンサーが一番」と断言している。

　スペンサーと同じく64年に入団した外野手の**ウインディ**も5年
間在籍し、67年には主に一番打者として25本塁打、ＲＣ74.6だっ
たが、西本政権の末期に入団した外国人はいずれも今一つに終わっ

ていた。しかし上田体制2年目の75年には、**ロベルト・マルカーノ二塁手とバーニー・ウィリアムス**外野手を獲得。ウィリアムスも抜群の守備力（ダイヤモンドグラブ賞を2回受賞）で貢献したが、それ以上にマルカーノの存在は大きかった。というのは、66年の後半戦からスペンサーが三塁に回り、その後長い間二塁手を固定できずにいたからである。下の表は、66〜74年の**阪急のレギュラー二塁手**とその成績、二塁手として出場した試合である。

年度		打率	本塁打	打点	ＲＣ	試合数
1966	住友平	.214	6	24	28.0	65
1967	住友平	.205	4	20	19.0	95
1968	山口富士雄	.204	0	22	18.0	100
1969	山口富士雄	.282	9	39	56.0	118
1970	山口富士雄	.211	1	24	20.7	102
1971	Ｊ・エイデア	.300	7	36	27.7	75
1972	Ｂ・ソーレル	.290	16	63	64.3	70
1973	住友平	.263	10	62	69.8	126
1974	住友平	.239	12	37	46.3	118

　65年のドラフト3位で明治大から入団した住友は、67年に二塁を95試合守ったが打率.205と打力不足は明らかだった。そこで68年は、阪本敏三に正遊撃手を奪われた山口が遊撃から回ってきた。69年は打率.282、ＲＣ 56.0とまずまずだった山口も70年は.211の低打率で、以後は守備固めでの起用が主になる。71年はジェリー・エイデア、72年はビル・ソーレルと外国人が主に二塁を守ったが、出場試合数の少なさでもわかる通り、山口との併用で固定されてはいなかった。73年は住友がレギュラーに復帰、自己最高のＲＣ 69.8を記録するも、翌74年はＲＣ 46.3と平均以下の水準に後退していた。

1960〜70年代　阪急ブレーブス　129

マルカーノは、このような状態のときに阪急にやってきた。下の表はマルカーノの阪急在籍時代の成績である。

年度	打率	本塁打	打点	ＲＣ	試合数
1975	.298	23	71	69.3	123
1976	.271	25	64	60.1	126
1977	.269	21	67	55.4	103
1978	.322	27	94	92.8	125
1979	.299	32	97	86.7	126
1980	.294	24	85	71.3	116
1981	.266	13	67	53.6	123
1982	.267	15	66	53.6	113

　ＲＣ80以上だった78・79年を除けば、ＲＣは72年のソーレル、73年の住友とそれほど違いはない。マルカーノはほとんど四球を選ばない選手で、79年までの5年間は四球数が20を超えなかった。これは中軸打者としては異例の少なさで、出塁率が低いため打率や本塁打から受ける印象ほどには攻撃力は高くはなかった。それでも8年間で平均出場試合数が119と、長期間にわたって二塁を固定できた点に意義があり、さらにダイヤモンドグラブを4回受賞した**守備力**も大きなプラスをもたらした。

　70年代の外国人選手といえば、大抵はメジャーで通用しなくなった30代の選手というのが相場だった。しかしマルカーノは来日当時23歳と若く、ＡＡＡ級でもレギュラーとして好成績を残しており実力も申し分なかった。そのような選手を獲得できたのは、才能にほれ込んだ上田監督が熱心に口説き落としたからということだが、若い年齢で来日したおかげで、野球選手として最も脂の乗る20代後半を阪急で過ごし、自己最多のＲＣ92.8だった78年は27歳だった。

　捕手や二遊間は守備力が求められるので、打力のある選手が守る

例はそう多くはない。阪急がスペンサーやマルカーノのような打者を、そうしたポジションで起用できたのは大きなアドバンテージになり、また彼らが長く在籍したことで、一過性ではなく長期間にわたって強さを保てた。

Management/Strategy
〈西本・上田の攻撃野球〉

　西本采配の特徴は徹底した攻撃型野球である。初めて監督を務めた大毎時代には、山内一弘・榎本喜八・葛城隆雄を軸とする "ミサイル打線" でリーグ制覇。この方針は阪急でも受け継がれ、最後に指揮を執った近鉄でもそうだった。捕手出身で守備型タイプに見られがちな上田も、意外に攻撃型の一面がある。

　それを如実に示すのが犠打の少なさである。下の表は67 〜 78 年の阪急の犠打数、本塁打数、盗塁数とそのリーグ順位、そして得点を示したものだ。

年度	犠打	順位	本塁打	順位	盗塁	順位	得点	順位
1967	56	6 位	143	1 位	87	5 位	518	1 位
1968	58	6 位	154	2 位	122	2 位	538	3 位
1969	61	6 位	154	1 位	128	1 位	543	2 位
1970	67	4 位	116	5 位	190	1 位	560	3 位
1971	70	4 位	166	2 位	184	1 位	669	1 位
1972	76	4 位	167	1 位	202	1 位	594	2 位
1973	78	3 位	151	1 位	202	1 位	645	1 位
1974	87	4 位	125	2 位	228	1 位	577	1 位
1975	49	5 位	143	1 位	174	1 位	541	1 位
1976	63	5 位	139	1 位	112	2 位	546	1 位
1977	62	5 位	147	1 位	115	3 位	569	1 位
1978	67	5 位	176	1 位	199	1 位	700	1 位

73年の78犠打が3位だったのを除き、常に犠打数はリーグ下位だった。指名打者制が採用された75年などは49個しかない。それでも得点数は毎年上位3位以内に必ず入り、73年からは6年連続リーグ最多だった。

　その理由が本塁打にあったのは明白である。70年を除いて、本塁打数は毎年1位か2位。西本時代は本塁打王争いの常連だった**長池やスペンサー**、上田体制下では**加藤、マルカーノ、島谷金二**が長打力を発揮した。犠打で1点を取りにいく戦法を取らずとも、大量得点のできる打線であった。もちろん**福本**の足も犠打を必要としなかった要素である。確実に盗塁を決められる選手がいれば、わざわざ1アウトを献上して犠打で送る必要はないのは当然だ。

　阪急は福本がレギュラーになる前から盗塁の多い球団だったが、福本の台頭後はますます機動力を駆使するようになった。福本が日本記録の106盗塁を決めた72年はチーム全体で202盗塁。以後3年連続で200個の大台に乗せ、74年などは228盗塁。94盗塁の福本を除いた選手だけで、リーグ2位の日本ハムと同数の134個を決めていた。3番・一塁手の加藤秀が24個、控えの**平林と井上修**が合わせて46個、さらには投手までも**竹村一義**の5個をはじめ10盗塁と、正真正銘どこからでも走れるチーム構成になっていた。

　必ずしもバントが無意味なわけではないけれども、このようにパワーとスピードを兼ね備えた選手たちが揃っていれば、型に嵌った作戦ではなく臨機応変な采配を振れるようになり、作戦に幅も生まれる。西本と上田がもともとそうした野球を志向していたこともあったが、それを可能にするメンバーがいたからこその攻撃野球だった。

Key Player
〈世界の盗塁王・福本豊〉

　阪急黄金時代のキーマンを一人挙げるなら、長池やスペンサー、

不世出のサブマリン山田も捨てがたいが、やはりプロ野球史上最強の一番打者・福本以外には考えられない。

　福本の代名詞が盗塁であることに異論はないだろう。通算1065盗塁は断然プロ野球記録であり、リッキー・ヘンダーソンが更新するまでは"世界記録"でもあった。70～82年まで13年連続で盗塁王のタイトルを独占し、その足に球団が1億円の保険をかけたエピソードも有名だ。

　しかし"一番打者・福本"の価値は、盗塁以上に出塁の多さにあった。下の表は、福本が規定打席に到達した71～86年の総出塁数とその順位である（アミはリーグ最多）。

年度	安打	四球	死球	合計	順位
1970	116	55	5	176	10位
1971	118	50	1	169	18位
1972	142	62	3	207	4位
1973	152	65	2	219	3位
1974	156	58	2	216	2位
1975	127	50	4	181	9位
1976	138	73	2	213	1位
1977	165	49	4	218	1位
1978	171	60	5	236	1位
1979	142	79	5	226	2位
1980	166	78	1	245	1位
1981	142	80	1	223	3位
1982	144	88	2	234	2位
1983	141	85	1	227	2位
1984	126	85	2	213	5位
1985	122	95	0	217	6位
1986	120	55	3	178	16位

安打数が 73・74・77・78 年の 4 回リーグ最多だっただけでなく、四球も 1 位になること 6 回。78 年などは安打と四球の両方でトップになっていた。

　その結果 72 〜 84 年の 13 年間では、75 年を除くすべての年で出塁数が 5 位以内に入っていた。他球団の一番打者との比較では、2 番目に出塁数の多かった選手との差は年平均 27.4 回。**1 年につき 30 回近くも、他の一番打者より多く塁に出ていた計算になる**。これがどれほどのアドバンテージになるかは言うまでもない。福本の場合、それに加えて盗塁までもしてしまうのだから、ますます手がつけられない。

　福本はイメージ以上に長打力もあった。入団当時はまったく打球が飛ばなかったのだが、西本から「バットを思いっきり振っても足がふらふらせんようなしっかりしたスイングができるように練習してこい」と言い渡される。そのアドバイスを忠実に守って練習したところ、力強い打球が飛ばせるようになった。レギュラー定着後、一時足を生かすために当てるバッティングをするようになったときも、西本に「力のない打球を打ったらなんぼ足が速くたってアウト。そんなバッティングしとったら野球生命は短くなる」と叱責され、強く振り抜く打撃に徹した。もし西本が目先の結果にとらわれて、当てる打撃を容認していたら、福本は小粒な打者で終わっていたかもしれない。

　結果として、福本の長打の数は一番打者でありながらリーグトップクラスとなった。73・78・82 年はリーグ 2 位の長打数で、72 年からの 11 年間は 74 年を除いて毎年 10 位以内に入っていた。これだけ多くの長打を放っていた一番打者は他にはいない。しかも前述のように選球眼が良くて（長打があるので、その分投手が警戒したこともあった）出塁数が多く、その上盗塁で単打を長打に変えてしまったのだから、これ以上相手にとって厄介な打者はいなかっただろう。これほどの選手をドラフト 7 位で手に入れられたのは、阪急

にとって最高の幸福だった。

〈福本の長打数（規定打席到達年のみ）〉

年度	二塁打	三塁打	本塁打	合計	順位
1970	23	3	8	34	17 位
1971	18	5	10	33	21 位
1972	25	6	14	45	10 位
1973	29	10	13	52	2 位
1974	19	7	8	34	13 位
1975	26	4	10	40	8 位
1976	23	9	8	40	7 位
1977	21	9	16	46	6 位
1978	35	10	8	53	2 位
1979	27	9	17	53	8 位
1980	29	6	21	56	5 位
1981	22	7	14	43	10 位
1982	31	7	15	53	2 位
1983	26	7	10	43	13 位
1984	22	2	9	33	20 位
1985	15	7	11	33	23 位
1986	18	2	8	28	32 位

Decline Phase
〈投手の育成に失敗〉

　阪急黄金時代の終焉は、意外な形で訪れた。78年の日本シリーズ第7戦、大杉勝男（ヤクルト）の大飛球が本塁打と判定されたことに対して、上田が長時間の抗議を展開。このシリーズに敗れたのち、上田は辞意を表明した。梶本が後任監督となった79年には後期を制したものの、プレーオフで敗れてリーグ優勝を逃し、続く

80年は5位に転落。81年は上田が監督に復帰するが、覇権奪回は84年まで待たねばならず、その後89年にオリックスに身売りするまで優勝は一度もなかった。

衰退の原因はどこにあったのか？　上田の退陣は要因の一つではあっても、決定的なものではない。梶本体制の1年目も好成績だったし、上田復帰後の成績はそれほど良くもなかった。**戦力そのものが落ちてきていた**と解釈するのが正解だろう。

では、それは年齢的な原因だったのか？　黄金時代最後の年となった78年の主力選手の年齢は次の通りである。

捕手	中沢伸二	32歳	先発	山田久志	30歳
一塁	加藤秀司	30歳		今井雄太郎	29歳
二塁	R・マルカーノ	27歳		佐藤義則	24歳
三塁	島谷金二	33歳		稲葉光雄	29歳
遊撃	大橋穣	32歳	抑え	山口高志	28歳
左翼	B・ウィリアムス	29歳			
中堅	福本豊	30歳			
右翼	簑田浩二	26歳			
DH	高井保弘	33歳			

投打ともそれほど高齢というわけでもない。山田・加藤・福本の3人はまだ30歳の働き盛りで、事実以後5年ほどリーグのトップクラスの選手であり続けた。そのすぐ下の世代には佐藤や簑田らもいて、黄金時代はあと4～5年続いてもおかしくなかった。

そうならなかったのは、**投手陣の弱体化**が理由だった。山口は78年限りで燃え尽き、佐藤も故障で81年は1試合も投げられなかった。今井は年によって好不調の波が激しく、稲葉は32歳だった81年が主力として活躍した最後の年となった。78年以降は、84年を例外として阪急投手陣の防御率は一度もリーグ2位以内に入っていない。

彼らに取って代わると期待されていた若手投手たちも伸び悩んだ。77年のドラフトでは1位で松本正志（東洋大姫路）、2位で三浦広之（福島商）と甲子園で注目された投手を獲得したが、プロでは松本が1勝、三浦が14勝のみ。その後も79年森浩二（2位、高知商）・80年川村一明（1位、松商学園→入団拒否）・83年榎田健一郎（1位、PL学園）・84年野中徹博（1位、中京）と甲子園の好投手たちを指名し続けたが、森が中継ぎでそこそこ投げたくらいで、先発投手としては誰一人ものにならなかった。大学・社会人出身では81年1位の山沖之彦（専修大）が戦力となったものの、薄くなる一方だった投手陣の層を山沖一人ではカバーできなかった。

　すでに述べたように、西本も上田も本来志向する野球は攻撃型だった。もちろん彼らとて、投手力を整備する大切さは十分にわかっていたはずだが、結果的に彼らの下で大成した高卒投手はほとんどいなかった。

　攻撃陣では、80年代に2人の主力打者が死球禍に見舞われた。84年は、前年に加藤との交換で広島から加入し打点王となっていた水谷実雄が、開幕戦で頭部に死球を受け事実上選手生命を絶たれる。翌85年、今度は簑田が同じように頭部への死球でダメージを受けた。両者ともすでに30代半ばで、晩年にさしかかる年齢ではあったけれども、死球の影響がなければあと数年は第一線で働いていたかもしれない。

　ただ、野手に関しては80年代も松永浩美、石嶺和彦らが成長し、外国人のブーマー・ウェルズも好成績を残していた。やはり衰退の原因は投手陣と、この時代急速にチーム力をつけていた西武ライオンズの台頭の2点にあったと言える。

　阪急の黄金時代はパ・リーグが最も元気のなかった時代でもあり、他の5球団は人気もなければ資金もなく、人材も足りなかった。だが西武はその3つの要素をすべて備えて、あっという間に阪急の築き上げていたリードに追いつき、そして追い越してしまうと、もは

や阪急には抜き返すだけの力がなくなっていた。

What would have happened if...
〈江川が入団していたら？〉

　前にも触れたが、73年のドラフトで阪急は作新学院高の**江川卓**をドラフト1位で指名しながら、入団拒否に遭っている。

　江川を高校野球史上最高の投手に推す声は多い。73年春の選抜大会では33イニングで60奪三振。夏の県予選ではノーヒットノーラン3試合、通算では13回もノーヒッターを達成した。甲子園での優勝こそ成し遂げられなかったが、まさしく超高校級の怪物だった。

　しかし、早い段階で江川は慶応大学への進学を表明していた。その意志が固いとみた各球団が江川を回避する中、指名順6番目の阪急が敢然と指名した。当時の担当スカウト、**丸尾千年次**は「無理とわかっていたが、球団の方針で指名せざるを得なかった」と回顧している。だが江川サイドは交渉の席につく気はなく、阪急は指名挨拶すらできぬまま門前払いになった。慶応大は不合格だった江川は法政大に入学、4年間で東京六大学記録にあと1勝と迫る47勝を挙げた。77年のドラフトではクラウンライターの1位指名を拒否してアメリカに留学、78年のドラフト前日に"空白の1日"を利用して巨人と契約し、すったもんだの末に高卒6年目にしてプロ入りを実現させた。以後9年間で通算135勝72敗、防御率3.02の成績を残し、通算PR165.4を記録している。

　それでは、仮に江川が高卒の段階で阪急に入団していたらどうなっていたかをシミュレートしてみよう。まず、江川と同じように超高校級と騒がれ、高卒でプロ入りした主な投手として、工藤公康（通算PR175.9）・桑田真澄（63.1）・松坂大輔（194.0）・ダルビッシュ有（237.1）・田中将大（182.0）の5人をピックアップし、彼らの6年目から10年目、すなわち**24〜28歳時のPR**を表にして、同年齢時の江川のPRと比較した。

	工藤	桑田	松坂	ダルビッシュ	田中	江川
6 年目	33.4	15.1	28.9	48.4	22.2	22.6
7 年目	-0.8	-18.9	42.0	39.0	54.1	33.7
8 年目	-9.5	-8.2	30.9			38.1
9 年目	8.5	27.5				31.1
10 年目	20.6	10.5				20.9
合計	52.2	26.0	101.8	87.4	76.3	146.4
平均	10.4	5.2	20.4	17.5	15.3	29.3

　この期間の江川の平均ＰＲ 29.3 は、比較対象とした 5 人の誰よりも良い。最初の 5 年間は大学・浪人期間だったので、他の 5 人ほど肩や肘の負担が少なかったのが理由とも考えられるが、5 人に優るとも劣らない力量があったのは間違いない。

　次の表は、5 人の 1 年目から 5 年目までのＰＲである。

	工藤	桑田	松坂	ダルビッシュ	田中	5 人の平均
1 年目	1.3	-10.6	26.0	5.6	-5.1	*3.4*
2 年目	3.7	38.1	8.0	12.2	7.8	*14.0*
3 年目	2.0	1.7	20.7	40.4	35.9	*20.1*
4 年目	29.2	26.8	0.1	45.0	24.9	*25.2*
5 年目	15.3	28.7	39.0	46.5	42.2	*34.3*
合計	51.5	84.7	93.8	149.7	105.7	*97.1*
平均	10.3	16.9	18.8	29.9	21.1	*19.4*

　1 年目は桑田と田中のＰＲがマイナスだったが、2 年目は全員がプラスで、最も芽が出るのが遅かった工藤でも 4 年目までにＰＲ 20 以上を記録している。6 〜 10 年目の表と合わせて考えると、江川が高卒でプロ入りしていてもこのくらいの数字は残していたであろうことは、想像に難くない。5 人の年ごとのＰＲを平均すると、

1年目が3.4、2年目が14.0、以後20.1、25.2、34.3と年々上がって5年合計では97.1。これを"阪急・江川"が残していた数字だと仮定する。

　そして今度は、この数字を74～78年の現実の阪急投手陣の中で、最も近いＰＲだった投手の勝敗に当てはめる。74年は山田（ＰＲ6.4、11勝6敗）、75年は足立（14.8、11勝10敗）、76年も足立（18.9、17勝8敗）、77年は山田（30.2、16勝10敗）と稲葉（20.2、17勝6敗）の中間、78年は今井（27.1、13勝4敗）となる。この5人のＰＲを合計すると92.4で、仮想・江川の97.1にかなり近い。5人の勝敗の合計は67.5勝36敗。江川が阪急に入団していた場合の勝敗数としては、当たらずとも遠からずではないだろうか。

	足立	山田	山口	稲葉	今井	江川
1974	10-9	11-6				11-6
PR	7.1	6.4				3.4
1975	11-10	12-10	12-13			11-10
PR	14.8	-19.8	11.1			14.0
1976	17-8	26-7	12-10			17-8
PR	18.9	27.4	11.4			20.1
1977	7-7	16-10	10-12	17-6		16.5-8
PR	3.2	30.2	7.1	20.2		25.2
1978	4-6	18-4	13-4	10-5	13-4	13-4
PR	-5.0	24.8	12.2	14.1	27.1	34.3

　阪急は全盛期にあっても、投手力が際立って良かった年はなかった。74年以降の10年間で、防御率がリーグ1位だったのは78年だけ、2位も79年だけで、75・76年はリーグ優勝していながら防御率は4位でしかなかった。

　75年に山口、77年は佐藤が入団、戸田善紀に代わって中日から

140

稲葉が加わり、78年には今井も一本立ちした。ただ、前の項で述べたように、これらの投手たちは故障その他の理由により、安定した成績を残せなかった。**山田と並ぶもう一本の柱として江川がいたなら、阪急の黄金時代は80年代半ばまで続き、観客動員にもある程度は貢献しただろう。**

　もっとも、野茂英雄の入団で一時沸き返った近鉄の人気が、さほど時を経ずして元に戻ったように、その効果はおそらく何年も続かなかったと思われる。しかも、江川によってさらに強化された阪急がずっと勝ち続けていたらどうなったか。後述するように、阪急は強くとも人気のある球団ではなかった。阪急が強すぎるという理由で導入された前後期制も、どちらも阪急が勝ってしまえば無意味になってしまう。そうなればますますパ・リーグは盛り上がりを欠いて、運営自体成り立たなくなっていたかもしれない。

　一方で、江川は強硬手段に訴えて79年に巨人入りを実現させたが、その過程で多くのアンチ江川／アンチ巨人を生み出した。巨人の人気が下降していき、パ・リーグが台頭する引き金を引いたのが江川だったのだ。そう考えれば、江川が阪急入団を頑強に拒んだことは、ブレーブスにとっては残念であっても、パ・リーグにとっては救いとなったのかもしれない。

Conclusion

　過去にパ・リーグで黄金時代を築いた南海・西鉄と阪急とは、チーム作りにおいて共通する部分があった。鶴岡や三原と同じく、西本もまた強い指導力を発揮し、弱小球団を強豪へ変身させていった。異なるのは、鶴岡と三原は事実上のGMでもあったのに対し、**西本はそこまで深くは戦力補強に関わらなかった点**である。彼が心血を注いだのはグラウンド上で選手を鍛えることであり、自ら足を伸ばして選手の獲得に奔走することはなかった。これは監督就任後間もなくドラフト制が実施されたからでもあったが、西本自身の性質に

もよるものだろう。

　同時にこれは、阪急の黄金期が西本の退任後も継続できた理由でもある。三原がいい例だが、監督が編成部門でも大きな役割を占める球団では、その監督が去ったときに編成と現場の両面で大きな穴が開く。現場と編成の職掌が分かれていた阪急では、そのような事態には至らなかった。

　阪急にはもともと一定の投手力があって、すでに質の高い外国人選手もいたので、強いチームになる素地はあった。それを阻んでいたのは長年チームを覆っていたぬるま湯体質であり、**情熱家で強い信念の持ち主である西本は、そうした体質を改めるのには格好の指導者**だった。2000年代の阪神が、星野仙一の指揮下で意識改革に成功したのと同じで、指導者とチームのマッチングが強いチームを作るには欠かせないという実例だろう。それに加えてドラフト制度の施行、外部的な要因としては南海や西鉄の没落も追い風として、阪急は優勝争いの常連になった。

　強さに加えて個性的でもあった阪急は、理想に近いチームだった。山田は「Ｖ9の巨人より強いはず。短期決戦は分からんけど、130試合をやったら勝つと思う」と言い切っていた。それでも、どうしても同じ西宮市を本拠とし、本業の鉄道路線も競合する阪神の人気を凌ぐことができなかった。

　3連覇を果たした69年に60万人を超えた阪急の観客動員は、翌70年はチームが不調で34万人とほぼ半減。その後もしばらく40万人台にとどまり、ようやく初の日本一となった翌年の77年頃から盛り返したが、その間に阪神は100万人どころか130万人を動員するようになっていた。日本一はおろか、一度もリーグ優勝さえ果たせなかった時期の阪神に大差をつけられていたのだ。

〈1967 〜 78 年の阪急と阪神の観客動員 (単位：万人)〉

年度	阪急	阪神	差
1967	57.0	79.8	22.8
1968	47.1	82.7	35.6
1969	63.6	103.2	39.6
1970	34.1	105.6	71.5
1971	48.5	71.6	23.1
1972	38.4	80.7	42.3
1973	44.4	106.1	61.7
1974	41.7	108.4	66.7
1975	44.7	139.3	94.6
1976	44.2	136.1	91.9
1977	59.3	139.3	80.0
1978	79.4	139.2	59.8

　阪急に限らず、どんなに優秀なチームでも、当時のパ・リーグの環境にあっては大衆の心をつかめなかった。セ・パ両リーグは分立当初から人気差はあったが、それが決定的になったのは60年代である。この頃広まりだしたテレビ中継によって巨人は毎日お茶の間に露出し、もとから高かった人気をさらに高めていった。一方、パ・リーグでは毎日新聞が60年を最後にオリオンズの経営から撤退し、メディアを親会社とする球団がなくなった。65年からは長嶋・王の2大スターを看板とする巨人のV9が始まり、実力的にもセが優位との認識を植えつけた。とどめは70年に西鉄を中心にして広がった黒い霧事件で、これがパ・リーグのイメージを決定的に悪化させた。

　当時は新聞もテレビも、パ・リーグの試合を詳しく報道するところは皆無に近かった。12球団の試合結果を満遍なく放送するフジテレビの『プロ野球ニュース』が始まるのは76年からで、それまではパ球団の情報を得ることは容易ではなかった。こうした状況で

1960〜70年代　阪急ブレーブス　143

は、阪急がどれほど強いチームで魅力的な選手を揃えていても、一般のファンにその事実が届かなかったのである。プロ野球史上最高のチームの一つだった阪急ブレーブスが、多くの人に知られぬままであったのは大きな損失だった。

1960～70年代
読売ジャイアンツ

1961－73（13年間）、Aクラス12回、優勝11回、日本一11回

資金力＝A＋
スカウティング＝B
育成力＝A
外国人選手＝なし
監督＝A

年 度	監督	順位	勝利	敗戦	引分	勝率	ゲーム差
1961 *	川上哲治	1	71	53	6	.569	—
1962	川上哲治	4	67	63	4	.515	8.0
1963 *	川上哲治	1	83	55	2	.601	—
1964	川上哲治	3	71	69	0	.507	11.0
1965 *	川上哲治	1	91	47	2	.659	—
1966 *	川上哲治	1	89	41	4	.685	—
1967 *	川上哲治	1	84	46	4	.646	—
1968 *	川上哲治	1	77	53	4	.592	—
1969 *	川上哲治	1	73	51	6	.589	—
1970 *	川上哲治	1	79	47	4	.627	—
1971 *	川上哲治	1	70	52	8	.574	—
1972 *	川上哲治	1	74	52	4	.587	—
1973 *	川上哲治	1	66	60	4	.524	—
1974	川上哲治	2	71	50	9	.587	0

（＊は日本シリーズ優勝）

序章で述べたように、**巨人は球団創設以来ずっと黄金時代にある**と言える。現在の12球団で最も古い歴史を持つ"球界の盟主"はリーグ優勝45回、日本シリーズも22回制し、長期にわたって低迷したことはない。その栄光の球団史においても**最高潮**を迎えたのが、65年からの9年連続日本一、すなわち**Ｖ9時代**であった。

　Ｖ9を達成した名将・川上哲治が監督となったのは、Ｖ9が始まる4年前だった。61年から64年までの巨人の成績は優勝−4位−優勝−3位。62年に2リーグ分立以降初のＢクラス転落、64年は首位阪神に11ゲームの大差をつけられての3位で、71勝69敗の勝率.507と、危うく5割すら切るところだった。このような失態を演じた川上の采配能力を疑問視する声も出ていた。

　当時のジャイアンツの戦力は、すでに**王貞治・長嶋茂雄のＯＮ砲**が主軸として確固たる地位を築いていたし、捕手には**森昌彦**、センターには**柴田勲**が定着していた。64年はチーム打率.235はリーグ最下位でも、560得点は1位。防御率3.01も2位だった。

　これでも首位に11ゲーム差もつけられて3位に終わったのは、二つ理由があった。まず一つは先発投手陣の駒不足。当時のエースは**城之内邦雄**で、64年は18勝、リーグ2位の防御率2.23を記録していた。だが**藤田元司**はこの年限りで引退、**伊藤芳明**も30歳を過ぎ、若手の**高橋明**はエースというには今一つ物足りなかった。城之内に次ぐ第二、第三の先発の柱が必要になっていた。

　もう一つは二遊間の強化である。64年の巨人はリーグワースト3位の100失策で、守備機会5531回もワースト2位だった。投手陣の奪三振数も614個で4位と高い水準ではなかった。つまり、打球が飛ぶ回数が多いのに、守備陣はそれを処理しきれていなかったことになる。

　長く遊撃のレギュラーだった**広岡達朗**は、64年には32歳になっており引退の時期が近づいていた。その後継者である**黒江透修**はまだ力不足、二塁も**須藤豊**と**船田和英**の併用で凌いでいる状態で、早

1960〜70年代　読売ジャイアンツ　147

いうちに二遊間を整備する必要に迫られていた。

Impressive Rookies
〈巨人ブランドを生かした補強〉

　こうした危機を脱するため、65 年に巨人はそれまでにも増して意欲的な補強を展開せねばならなかった。まず課題の二遊間を補強するため、新人で獲得したのが**土井正三**だった。立教大学時代は遊撃手だった土井は、プロ入り後も 65 年は主に遊撃を守っていた。だが 66 年には正二塁手となり、同時に黒江が広岡からレギュラーの座を奪い、土井－黒江の二遊間が完成した。そして 70 年までの 4 年間、巨人はリーグ最少の失策数を記録する。黒江はともかくとして、土井の堅実な守備が巨人内野陣を引き締めたのは間違いない。ＯＮや柴田らの陰に隠れて評価されることは少ないが、**土井の加入がＶ９にもたらした影響**は無視できないものがある。

　土井入団の 1 年後、66 年からは新人選手選択会議、いわゆるドラフト制が日本でもスタートした。しかし、ドラフト制が始まってからも巨人ブランドの栄光は偉大だった。例えば 67 年は、大学球界のスターだった**高田繁**（明治大）が熱烈な巨人志望を表明。入団拒否を恐れた他球団が続々と指名を回避し、選択巡 7 番目の巨人がまんまと高田を手に入れた。

　高田の加入も土井同様に大きかった。柴田勲を除いて、巨人の外野手はＶ９時代に入ってからも弱点の一つだった。国松彰は 69 年まで準レギュラーではあったが、65 年を最後に打撃成績は下降気味になっていたし、坂崎一彦は 64 年限りで東映へトレードされた。その代わりにやってきた吉田勝豊も良かったのは 1 年限りで、67年に西鉄から獲得した高倉照幸もすでに衰えは明らかだった。63〜 67 年の 5 年間、巨人の外野手でＲＣ 60 以上を記録していたのは柴田だけだった。

〈63 〜 67 年の巨人外野陣〉

	左翼	ＲＣ	中堅	ＲＣ	右翼	ＲＣ
1963	国松	57.5	柴田	53.5	坂崎	39.5
1964	国松	24.6	柴田	78.1	坂崎	31.8
1965	国松	55.2	吉田	47.1	柴田	38.9
1966	国松	45.1	柴田	60.2	柳田	17.2
1967	高倉	34.7	柴田	90.7	国松	34.0

　そこへ大きな期待を背に、高田が入団してきたのである。そして高田はその期待を裏切らなかった。1年目から、規定打席にはわずかに不足したとはいえ打率.301。これはリーグ5位に相当する高率であり、ＲＣも70.0。しかも高田はレフトの守備も抜群に上手く、69・70年には2年続けてレフトでありながら、1試合平均の守備機会が快足のセンター柴田を上回っていた。レフトに高田、センターに柴田が入り、**巨人の守備力は内野だけでなく外野も万全**になった。2年目以降も高田はコンスタントに好成績を残して、ＲＣは5年連続で60を超えた。

　自由競争時代のような思い通りの補強はできなくとも、ドラフトでも巨人は成果を上げていた。65年は甲子園で活躍した木樽正明（銚子商）ではなく、**堀内恒夫**（甲府商）を指名。堀内も「巨人以外なら明治大へ行く」と宣言し、他球団の指名を控えさせていたので、やはり巨人ブランドを生かした指名だと言える。1年目に堀内は16勝2敗、防御率1.39、ＰＲ31.1の驚異的な成績で新人王に輝き、以後はＶ9時代のエースとなる。

　もっとも1位指名選手では、66年1次の山下司、2次の槌田誠、68年の島野修……といった具合に、堀内と高田以外は概ね失敗だった。その分、下位で**関本四十四**（67年10位）・**河埜和正**（69年6位）・**小林繁**（71年6位）・**小川邦和**（72年7位）といった掘り出し物を見つけて補っていた。

こうした正当な補強のほかにも、巨人はお家芸とする裏技を使っての新人獲得を続けていた。69年、韓国籍の**新浦壽夫**（静岡商）・**松原明夫**（鳥取西高）両投手を「外国籍だからドラフトの対象外」として入団させたのである。これはのちの江川事件とは違って、他球団も獲得するチャンスがあったのだから、非難されるいわれはない。それでもやはり、これもまた巨人ブランドの威光がものを言ったはずである。

　エースに成長した堀内以外は、チームを根底から変えるような大物新人が入ってきたわけではない。それでもＯＮの二人が健在である限りは、そのような新人を加える必要もなかった。自由競争時代には"関西の長嶋"こと難波昭二郎を始めとして、多くの有力アマチュア選手を入団させては飼い殺しにしていた巨人だったが、ドラフト以降はそうしたケースも少なくなった。

Important Newcomer
〈金田の貢献度は？〉

　新人だけでなく、他球団からの有力選手獲得にも向かった巨人だったが、この面ではさほど成果は上がらなかった。別所昭を引き抜いたり、2リーグ分立時に平井正明・南村不可止を西日本から引っ張ってきたりした強引な手法は、60年代にはもはや使えなかった。与那嶺要ら日系人選手も獲得しなくなっていたし、現在のＦＡ制度の原型とも言える10年選手制度も75年に廃止された。

　Ｖ9時代、巨人はＯＮに次ぐ五番打者を育てきれずにいた。そこで他球団から毎年のように五番候補を連れてきた。関根潤三（近鉄）・吉田（東映）・高倉（西鉄）・森永勝也（広島）・桑田武（サンケイ）など、錚々たる顔触れだったが、いずれも全盛期を過ぎていて、インパクトを与えるには至らなかった。Ｖ9時代が終わるまで、この点だけは解消されなかった。

　この時期に他球団から獲得した選手で、唯一重要な戦力となった

のが**金田正一**である。国鉄の大エースとして、在籍15年間で通算353勝。入団2年目から14年連続で20勝以上を挙げ続けた超一流投手は、10年選手の権利を行使して65年に加入した。前述した通り、この頃の巨人には城之内に次ぐエース級の投手がいなかったので、当然金田にはその役割が期待された。

しかし、移籍時点ですでに34歳だった金田には、往年のような力はなくなりかけていた。65年は防御率1.84でリーグ1位にはなったとはいえ、勝利数は11。巨人での5年間では47勝にとどまり、どうにかこうにか400勝に届いている。

けれども、その貢献度は決して低くはなかった。スワローズ時代に比べれば大いに物足りなくとも、65年はPR 14.8、67年も17.4で、この2年は巨人投手陣でトップの数字だった。

巨人での金田の成績

年度	勝敗	防御率	PR
1965	11-6	1.84	14.8
1966	4-6	3.43	-4.5
1967	16-5	2.28	17.4
1968	11-10	3.45	-2.7
1969	5-4	4.23	-8.6

また、その存在感や練習法などが、若手投手たちに与えた影響も見逃せない。巨人の球団史では「四十年の宮崎でのキャンプに、金田は炊事用具をどっさり持ち込んだ。そして惜し気もなく食費を注ぎ込み、栄養の補給につとめた。ランニングは人一倍時間をかけ、基礎体力の向上をめざした。……プロとしての自分に対するきびしさは、若手選手へ無言の教えとなった。これこそ川上が、金田に求めたものであった」との記述がある。川上も「長島君と王君が、金田君の底知れない猛練習ぶりに目を見はった。両君も練習好きだっ

1960～70年代　読売ジャイアンツ　151

たが、金田君の練習はケタ違いだった」(『V9の闘魂』)と絶賛している。こうした面での貢献度は正確に数字では測れないとしても、65年に入団した**高橋一三**、翌66年の**堀内**らに無形の財産を残したであろうことは想像に難くない。

Management/Strategy
〈川上管理野球は成功か〉

　川上を語る上で切っても切り離せないのが「**管理野球**」である。だが一体、管理野球とは何なのか。そして、その管理野球はV9の原動力だったのか。

　川上が管理野球というキーワードで語られるようになった理由は二つある。一つは"哲のカーテン"と呼ばれた徹底した**情報統制**を敷いたこと。もう一つは勝利のために個人技を排し、**チームプレー重視の作戦を貫徹**させたことである。

　管理野球を実践するため、川上がヘッドコーチとして招いたのが**牧野茂**だった。「(牧野は)野球評論のペンを取っていたが、野球を見る"目"が実に細かい。……ちょうどそのころ、チームプレーを推進していた私は、牧野君の評論を読んで、チームプレーに深い知識のあることを発見した。……私は、ただその紙上の評論だけを高く評価して、入団の交渉を進めた」(前掲書)

　V9野球の礎となったのが、いわゆる"ドジャースの戦法"である。ドジャースのスカウトだったアル・キャンパニスの著作にヒントを得て、投手力と守備力、チームプレーに重点を置いた組織的な野球を展開した。こうした戦法で巨人が強いチームになったのは事実だろう。だがそもそも巨人には、ONという他球団に対する絶対的アドバンテージがあった。ONさえいれば、管理だろうと放任だろうと勝てたかもしれないとの疑問が湧いてくる。

　川上はONのいないチームを指揮した経験がない。それゆえ、大洋時代の古葉竹識や横浜時代の森祇晶のように苦汁を嘗めることも、

三原脩や西本幸雄、星野仙一のように複数の球団を優勝に導いて采配能力を実証することもなかった。選手の自主性を尊重した、奔放な野球をする監督の下でも巨人は勝てたかもしれないが、それを検証するのは不可能だ。

　では、**戦術面から管理野球を分析**するとどうなるだろうか。まず思い浮かぶのが、チームプレーの象徴と言える犠牲バントの数である。川上自身の言葉では「一点を取れば勝てる、という状況になったら、得点圏に走者を置くことだけを考える。『まるで高校野球のようだ』と、悪評を受けても、一点を取るために、バント戦法を試みる」。また、このようにも語っている。「監督初期時代は、頼りになるのは長島君だけで、長島君の強打をどうしたら最高に発揮させることが出来るかで毎日頭を痛めた。そのために、調子のいい選手を長島君の前後にはめ込み、必要に応じてバント攻撃を仕掛けた。……長島君に次いで、王君が成長し、"ON時代"になったら、そんなにバント攻撃をしないでも済んだ……私は一、二番打者をどしどし走らせた」〈前掲書〉

　この談話が真実かどうか、V9期間の**犠打数とリーグ順位、チーム内で最多の打者**を示したのが下の表である。

年度	犠打	順位	打者	犠打
1965	92	4位	国松	14
1966	100	1位	土井	25
1967	81	3位	土井	22
1968	70	3位	土井	14
1969	74	3位	土井	19
1970	65	6位	土井	15
1971	81	4位	土井	18
1972	75	3位	土井	19
1973	91	3位	土井	17

巨人の犠打数がリーグ1位だったのは、この期間では66年だけである。この年をピークに次第に犠打数は減っていき、70年にはリーグ最少の65個になっていた。川上の言う通りである。その後また犠打数が上昇に転じているのは、長嶋の打力に陰りが見えはじめ、再び"頼りになるのは王君だけ"という状況になったためだと思われる。バントの数を通して見る限りでは、イメージほど管理野球にどっぷり浸かっていたわけではなかった。

こうした戦術面よりも、**実のところは選手の行動や私生活などを管理する**との意味合いが強かったようだ。よく言われるのが、川上は選手たちが前の晩にどこで遊んでいたかまですべて知っていた、とのエピソードである。これが事実かどうかはともかく、そうした話が出るほど細かく選手を把握していたのは確かだろう。

首脳陣にそこまで見られていたのでは、選手たちもあまり羽目を外せない。自然と節制に努めて野球第一の生活にならざるを得ないし、それができない選手たちは巨大戦力からはみ出していく。こうして統制のとれた集団が出来上がり、チームプレーもうまくいく。そうした複合的な要素まで含めて管理野球と呼ぶのなら、川上の管理野球は成功の素だったのだろう。

Key Player
〈偉大なる王貞治〉

長嶋茂雄はミスター・ジャイアンツ、ミスタープロ野球と呼ばれた。彼自身極めて優れた選手だったし、昭和のスポーツ界で最大のヒーローだったことも疑う余地はない。しかしながら、打者としては王のほうがはるかに偉大だった。

王は62年に一本足打法をマスターし、本塁打を量産しはじめてから、二度目の**三冠王**になった74年まで**13年連続でセ・リーグのRC1位**だった。次頁の表は、その期間の王と2位の打者のR

Ｃの差を示したものである。

年度	王のRC	2位	RC	王との差
1962	110.0	長嶋茂雄	95.4	14.6
1963	149.1	長嶋茂雄	142.8	6.3
1964	164.5	長嶋茂雄	126.3	38.2
1965	153.2	江藤慎一	118.1	35.1
1966	157.4	長嶋茂雄	112.4	45.0
1967	161.7	江藤慎一	94.1	67.6
1968	166.6	長嶋茂雄	117.7	48.9
1969	159.3	D・ロバーツ	108.6	50.7
1970	153.2	木俣達彦	82.7	70.5
1971	124.7	長嶋茂雄	106.0	18.7
1972	138.9	三村敏之	86.8	52.1
1973	174.6	田淵幸一	88.1	86.5
1974	174.1	田淵幸一	120.8	53.3

　13年中6年は2位が長嶋で、ＯＮの破壊力の凄まじさが再認識できる。62・63年くらいまでは王と長嶋のＲＣの差はわずかだったが、64年頃からその差は開き始めた。長嶋は次第に年齢的な衰えを見せ始め、一方で王は誰も到達していない高みに上り詰めていった。最初の三冠王になった73年はＲＣ174.6で、2位の田淵にほぼダブルスコアとなる86.5もの大差をつけた。この年の王はリーグで2番目の強打者2人分の得点を叩き出していたわけだ。

　王と長嶋の打者としての最も大きな違いは、本塁打以上に四球の数にあった。長嶋はリーグ最多四球だったのが、60・61年の2回だけで、100四球以上の年は一度もなかった。これに対し、王は62年から79年まで18年連続1位であり、63〜78年まで16年連続で100四球以上、74年には45回も敬遠され158回歩かされた。長

嶋は積極的に打って出るタイプであり、一方の王はボールをしっかり選ぶスタイルであったのが、このような差になって現れたのだ。

王の全打席における四死球の割合は21.1％で、5打席に1回以上のペースで歩いていた勘定になる。長嶋は約半分の11.0％で、他の同時代の強打者では野村克也が11.5％、張本勲が12.2％、江藤慎一は10.2％である。王の四球率は飛び抜けて高かった。まさしく空前絶後の強打者であり、王の得点力はV9の最大の原動力であった。

しかも、王の全盛期のセ・リーグは投手優位の時代だった。王の打率と本塁打を全年代を通じた数字に換算すると、次の表のようになる（本塁打は小数点切り下げ）。

年度	打率	本塁打	本塁打／500打数	修正打率	本塁打係数	修正本塁打
1959	.161	7	18.1	.177	1.36	9
1960	.270	17	20.0	.295	1.36	23
1961	.253	13	16.4	.272	1.50	19
1962	.272	38	38.2	.299	1.40	53
1963	.305	40	41.8	.317	1.13	45
1964	.320	55	58.3	.332	1.03	56
1965	.322	42	49.1	.347	1.28	53
1966	.311	48	60.6	.332	1.17	56
1967	.326	47	55.2	.338	0.97	45
1968	.326	49	55.4	.345	0.88	43
1969	.345	44	48.7	.369	0.87	38
1970	.325	47	55.3	.353	1.05	49
1971	.276	39	44.9	.304	1.09	42
1972	.296	48	52.6	.306	0.89	42
1973	.355	51	59.6	.379	1.00	51
1974	.332	49	63.6	.338	0.82	40

（※つづき）

年度	打率	本塁打	本塁打 / 500 打数	修正 打率	本塁打 係数	修正 本塁打
1975	.285	33	42.0	.287	0.92	30
1976	.325	49	61.3	.311	0.71	34
1977	.324	50	57.9	.304	0.66	33
1978	.300	39	44.3	.283	0.76	29
1979	.285	33	40.5	.276	0.74	24
1980	.236	30	33.8	.231	0.81	24
合計	.301	868	46.9	.312	0.97	838

　60 年代から 70 年代初めにかけては、セ・リーグの平均打率は 2 割 3 分台も珍しくないほど低かった。73 年は .273 で、この年に .355 の高打率だった王は、全年代の平均打率との換算によって弾き出した修正打率では .379 にまで跳ね上がる。通算の修正打率も、現実より 1 分 1 厘高い .312 となる。

　本塁打も 60 年代中頃までは少なく、この時期に量産していた王の修正本塁打数は、62 ～ 66 年の 5 年間で 4 回 50 本台に届いていた計算になる。64・66 年などは 56 本も打っていた。ただ、逆に 70 年代中頃からはリーグ全体の本塁打数が急増したため、晩年の修正本数は現実より少なくなり、通算では 30 本減の 838 本である。

　Ｖ 9 時代の 9 年間に限ると、現実は打率 .320、415 本塁打、修正後は .341、419 本（年平均 46.6 本）。1 年だけでもものすごいこれだけの成績を、9 年間も維持していたのだから、改めてどれほど並外れた打者だったのかがわかる。

Decline Phase
〈巨人ブランドの崩壊〉

　長嶋が現役最後を迎えた 74 年、巨人は中日の後塵を拝して 2 位に終わり、Ｖ 10 は夢と消えた。川上も指揮官の座から下り、75 年

は引退したばかりの長嶋が監督に就任した。

　依然として王はキャリアの絶頂期にあり、柴田や高田らもまだまだ元気、河埜ら若手も育ちつつあった。投手でも堀内・高橋一の両輪が健在、新浦や小林も頭角を現していた。さらに長嶋の穴を埋めるべく、現役メジャーリーガーの**デーブ・ジョンソン**を獲得した。長年 "純血路線" を維持していた巨人にとって、日系人でない横文字の外国人選手を迎えるのは、第二次大戦後では初めてだった。

　ところが75年、巨人は球団創設以来初の最下位の屈辱にまみれた。この年は王が不振で、期待のジョンソンも打率1割台と役に立たず、長嶋新監督にはそうした状況を切り抜けられるだけの指導者経験がなかった。何もかもが悪い方向に働いた結果が、このような事態を招いたのだった。

　それでも翌76年は日本ハムから**張本**、太平洋から**加藤初**と投打に強力な補強を敢行し、**高田**を左翼から三塁、ジョンソンを本来のポジションである二塁に戻すコンバートが成功。王の復調もあって3年ぶりに覇権を奪回、続く77年も優勝した。ただ両年とも日本シリーズでは阪急に敗れ、78年から3年連続でリーグ優勝を逃がすと、80年秋に長嶋は事実上の解任。王も現役を引退し、V9時代は完全に過去のものとなった。

　とはいえ80年代以降も**江川卓、原辰徳、松井秀喜**らのスター選手を擁し、**20世紀中には81・89・94・2000年の4回日本一**になった。V9時代のように人気・実力とも特別な存在ではなくなっていても、依然として "球界の盟主" であり続けた。

　だが90年代以降、その地位は少しずつ脅かされていく。まず93年にプロサッカーのJリーグブームが起き、プロ野球人気は圧倒的なものではなくなった。95年の野茂英雄の大成功をきっかけに、メジャー・リーグが注目を浴びたことも大きかった。ONを知らない世代や、子供の頃からメジャー・リーグを見ていた世代は "日本で一番" に価値観を見出していない。他ならぬ "巨人の四番" だっ

た松井にしてからが、全盛期にＦＡでヤンキースへ移籍したくらい
である。巨人を特別な存在と見ていない彼らの世代には、巨人ブラ
ンドの威光は通用しないのだ。

　しかし、**巨人の特別な地位を脅かした真の原因は、巨人ファンが
他球団のファンへ鞍替えしたことにある。**

　89年に南海ホークスを買収したダイエーは、本拠地を大阪から
福岡へ移し、市民球団としての地位を確立。パ・リーグでは西鉄以
来初めて、真に地域密着を実現した球団となった。次いで92年に
ロッテが川崎から千葉へ移転。時間をかけて地域への浸透を図り、
年間150万人を超える観客を動員するまでになった。

　さらに2004年には日本ハムが、ほとんど巨人ファンで占められ
ていた北海道へ移転。05年には消滅した近鉄に代わって参入した
楽天が、これまた巨人ファンの多かった東北地方の仙台に本拠を構
えた。日本ハムと楽天はいずれも地元住民の支持を得て、同地の多
くの巨人ファンがファイターズやイーグルスのファンへ転向した。

　これに加えて、巨人はＦＡ制度の施行以降、他球団の主力選手を
買い漁ってチームを構成するようになった。それが期待したほどの
成果を挙げなかっただけでなく、アイデンティティの喪失によって
従来の支持層が離反する事態も招いた。他球団からの寄せ集めや外
国人だらけのチーム構成でも、勝てれば良いというファンもいるだ
ろう。だが、そうでないファンも少なくはない。勝ってもどこか釈
然としない感じがしてもおかしくはない。

　こうした複合的な要素によって、巨人＝球界の盟主との構造は、
ほぼ崩壊するに至った。2005年からは7年連続で阪神の観客動員
が巨人を上回り、ソフトバンクとの差も50万人程度まで詰まって
いる。

　巷間囁かれる**プロ野球人気の低下とは、実のところ巨人の人気低
下に他ならない。**テレビの視聴率が下がっているというのも、巨人
自体の人気が落ちた上、衛星放送やケーブルテレビの普及によって、

1960〜70年代　読売ジャイアンツ　159

これまで地上波の巨人戦を見るしかなかった他球団のファンが、自由に贔屓チームの試合を見られるようになったのが最も大きな要因だ。この点を正しく理解せず（もしくは意図的に無視して）、地上波中継の視聴率低下・消滅だけを根拠として野球人気が下がったと主張するのは、上っ面だけしか見ていない見解と言う他はない。

What would have happened if...
〈ドラフト制度がなかったら？〉

巨人が絶対的な存在でなくなった理由の一つに、ドラフト制度によって戦力の均衡が進み、思うがままに補強できなくなったことがあった。では、もしドラフトがなかったらどうなっていただろうか。

60年代には、有力なアマチュア選手は大概巨人入団を希望していたから、戦力的に巨人が飛びぬけた存在であり続けたと思われる。法政大時代に通算22本塁打の東京六大学リーグ記録を樹立した**田淵幸一**は、68年のドラフトでは巨人を熱烈に志望していた。しかし、巨人の指名順は8番目。3番クジを引いた阪神が強行指名し、一時は三角トレードも画策されたが、結局田淵は阪神入りを承諾した。

ドラフトがなければ、田淵はまず100％巨人に入団していた。その頃の巨人の正捕手は衰えの見られる森であり、田淵は早い時期に正捕手の座を摑んでいただろう。森の引退後、80年代初めに山倉和博が台頭するまで巨人は捕手を固定できなかったが、そんな悩みとも無縁だったのではないか。長嶋の引退後も、王との強力コンビでV9どころかV10、V11と継続していた可能性は高い。

江川は早慶戦で投げたいとの想いから、高卒時に慶応大学進学希望を表明していたが、巨人から誘いがあったら入団したかもしれない。**清原和博**も田淵と同様巨人と相思相愛だったので、必ず入団したはずだ。**桑田真澄**も一緒に入団して、ＫＫコンビが高卒後すぐに同じユニフォームを着ていたかもしれなかった。逆に、ドラフトがなければ巨人に入団していなかったであろう選手となると、阪神

ファンだった松圭くらいしか思い当たらない。

　こうして巨人が有望な新人を独占する状況が続けば、70 年代の阪急や広島、80 年代の西武、90 年代のヤクルトの台頭もあり得ず、毎年のように巨人がリーグ優勝・日本一になるシーズンが続いていたはずだ。そのような状況が巨人にとっても本当に良かったのか。

　ドラフトには戦力の均衡を図ると同時に、契約金の高騰を抑制する目的もあった。64 年、東京オリオンズに入団した山崎裕之の契約金は 5000 万円にのぼったという。それがドラフト制導入初年は、一気に上限が 1000 万円まで引き下げられた。山崎以降、ドラフトで指名された選手の契約金が 5000 万円を超えるのは十数年後のことだった。

　ドラフトがなければ、人気薄の球団は有力選手を確保するために莫大な契約金を提示しなければならなかった。そうした状況が続いていたら、パ・リーグの球団経営は立ち行かなくなって、**早い時期に 1 リーグ制が実現していただろう**。セ・リーグでも広島や大洋のような、財政事情が楽ではない球団は消えていたかもしれない。

　2 リーグ 12 球団あったプロ野球が、仮に 1 リーグ 8 球団になったとしたら、一軍ベンチ入りできる選手は 25 人× 4 球団＝ 100 人も減ってしまう。素質や才能がありながら、飼い殺しにされる選手の数も同じ数だけ増える。さらには監督・コーチら指導者やチームスタッフ、球団職員の数もチーム数の分だけ減る。球団が本拠とする都市の数も減り、球場を訪れる観客の数も、彼らが観戦しながら消費する飲食物や、行き来に利用する交通機関にまでマイナスの影響は及ぶ。プロ野球を単なるスポーツではなく、一つの産業として捉えた場合、これがどれほど膨大な損失となるかは明らかだ。

　ドラフトがあったからこそ、プロ野球は 12 球団制を保つことができた。これが理想の形態かどうかはともかく、**少なくとも産業としてのプロ野球は縮小を免れた**。制度自体が抱える問題点は少なくないが、それでもドラフトがプロ野球を救ったことだけは断言でき

る。巨人もプロ野球の一部であり、球界全体が繁栄しなければ巨人の繁栄もない。そうした広い視野で見たとき、実はドラフトは巨人にも恩恵をもたらしていたとわかるはずだ。

Conclusion

V 9 時代に限らず、巨人のプロ野球界における権力は余りにも強大だった。政治でいうところの「地盤、看板、カバン」のうち、**看板（ブランド力）とカバン（資金力）にかけては、特にドラフト制施行以前は他球団と明確な差があった**。地盤に関しても、フランチャイズの東京だけでなく全国的な人気があって、この状態は 21 世紀に入る頃まで揺らぐことがなかった。

したがって、巨人のチーム作りを他球団が採り入れようと思ったところで、根本的な条件が違い過ぎるので参考にはできない。カバンだけなら 80 年代の西武や現在のソフトバンクも巨人に負けていないが、地盤と看板の強さは比べものにならない。

確かに、強さを長年にわたって保ってきた点は称賛に値する。野村克也も「ONがいれば誰が監督でも勝てたと言われるが、毎年続けて勝つのは大変なことだ」と言っている。とはいえ、すでに強固な土台の上に大きな建物を築くのと、土台を固める作業から始めなければならないのとでは、労力や時間に大きな違いが出るのは当然だ。

V 9 時代も必ずしも毎年安泰だったわけではない。68 年頃からは阪神との戦力差が少しずつ縮まり、70 年は 2 ゲーム、72 年は 3.5 ゲーム、そして 73 年は 0.5 ゲーム差の辛勝だった。これはドラフト導入後に自由に戦力を補強できなくなった影響が少しずつ出てきたのに加えて、外国人選手不在の純国産路線を続けていたのも要因だった。ONが衰えないうちに、その後継者となる人材を育てるか、あるいは強力な外国人助っ人を獲得できていたら、V 9 時代はあと数年継続できていたかもしれない。

ソフトバンクの孫正義オーナーは「巨人を超える常勝球団を目指す」として、Ｖ10達成を目標に掲げている。しかし、14・15年に連覇しながら16年は日本ハムに敗れてＶ3すらままならなかった。ソフトバンクほどの資金力と豊富な人材を抱えていても、何年も続けて頂点を極めるのは、今の球界では非常に難しくなっている。それはドラフトによって戦力均衡が図られ、弱いチームが何年間もずっと弱いままでいることが少なくなったこと。そしてメジャー・リーグとの距離が縮まっただけでなく、外国人枠の拡大によって、優秀な外国人選手を何人も連れてきて、戦力的な差を縮められるようになったからだ。

　巨人のＶ9は、そうした土壌が存在しなかった60年代だからこそ可能であったもので、再現するのはまず不可能だ。このような圧倒的な存在に、他の球団が立ち向かうという図式もそれなりに魅力はある。だが近年の大相撲における白鵬のように、勝つのはいつでも同じ人／チームという状態が続けば、興味は失われる。巨人のＶ9を再現するチームは現れないだろうし、また現れないほうがプロ野球の繁栄のためには良いのだろう。

1950年代
西鉄ライオンズ

1951－59（9年間）、Aクラス8回、優勝4回、日本一3回

資金力＝B＋
スカウティング＝A＋
育成力＝A
外国人選手＝C
監督＝A＋

年度	監督	順位	勝利	敗戦	引分	勝率	ゲーム差
1951	三原修	2	53	42	10	.558	18.5
1952	三原脩	3	67	52	1	.563	8.5
1953	三原脩	4	57	61	2	.483	13.5
1954	三原脩	1	90	47	3	.657	—
1955	三原脩	2	90	50	4	.643	9.0
1956 *	三原脩	1	96	51	7	.646	—
1957 *	三原脩	1	83	44	5	.648	—
1958 *	三原脩	1	78	47	5	.619	—
1959	三原脩	4	66	64	14	.508	22.0

（＊は日本シリーズ優勝）

プロ野球史上最も魅力的だったチームはどこか。もちろん様々な意見があるだろうが、50年代に**三原脩**監督の下 "**野武士野球**" として親しまれた西鉄ライオンズを挙げる人も多いのではないだろうか。九州は福岡という豪放磊落な土地柄を背景に、**中西太・豊田泰光・稲尾和久**らの個性に溢れた面々が、紳士然とした東京の巨人を日本シリーズで3年続けて打ち負かしたのは、ファンにとって痛快この上ない出来事だったろう。

　この比類なき球団を作り上げたのは、プロ野球史上屈指の名将・三原である。古巣の巨人を追われ、西鉄球団創設2年目に監督に就任した三原が、グラウンド上の監督であるだけでなく実質上のGMでもあったのは、好敵手である南海の鶴岡一人と同様だった。

　三原が西鉄の監督になったきっかけは巨人を見返そうとの執念からだった。47年途中から巨人の監督となった三原は、就任3年目の49年に優勝を果たす。ところが、そのオフ巨人は三原の中学時代からのライバルであり、シベリア抑留から復帰したばかりの水原茂を監督に就任させ、三原を "総監督" の座に祭りあげようとした。これに反発して三原は巨人を退団し、51年に**西鉄クリッパース**と**西日本パイレーツ**が合併して誕生した**西鉄ライオンズ**に移った。入団に際し、三原は監督であるだけでなく、**編成面での権限**を要求した。これにより、彼は自分の目指す野球にふさわしくない選手を入れ替え、思うようなチームを作り上げることが可能になった。

　三原はチームの軸となるスーパースター級の選手の獲得に奔走した。最初のターゲットは巨人の主砲・青田昇で、本人からは入団の約束を取り付けていたが、土壇場になって巨人の巻き返しに遭い失敗した。それでも52年には東急の**大下弘**が契約でもめていると耳にし、即座に動いて獲得に成功している。新人の補強では中西・豊田・稲尾らの逸材を次々に射止めた。こうして西鉄の戦力は格段に向上し、三原の大胆かつ的確な采配もあって、パ・リーグ最強球団へのし上がっていったのである。

1950年代　西鉄ライオンズ　167

Impressive Rookies
〈地元の利と名スカウト〉

　鶴岡ほどではないが、三原も新人の獲得に際して積極的に動いた。特にライオンズ史上最強打者の**中西**獲得に際しては、故郷・高松の先輩という関係が大いに役立った（中西の高校の監督が三原の後輩）。中西は早稲田大への進学を熱望していたが、毎日との獲得合戦の末、西鉄が契約金70万円を提示して逆転した。

　地元の利を生かして九州出身の選手も多く獲得している。その代表がエースの**稲尾**だ。別府緑丘高校時代は無名に近かった稲尾には、南海が早くから目をつけていて、西鉄の評価は当初はあまり高くはなかった。接触したのはかなり遅れてからだったが、稲尾の父が遠い大阪より同じ九州の球団が良いと希望して西鉄入りが決まった。

　黄金期の選手で九州出身は、他にも福岡県から**畑隆幸**（小倉）・**河野昭修**（修猷館）・**仰木彬**（東筑）・**安部和春**（博多商）・**城戸則文**（常磐）、佐賀県から**田中久寿男**（佐賀工）、大分県から**和田博実**（臼杵）、熊本県から**高倉照幸**（熊本商）がいる（いずれも出身地ではなく出身高校で分類）。当時、西鉄のスカウトの間では「地元の選手は絶対に逃がさない」が合言葉となっていたとのことで、また契約金も他球団より高めの額を提示した。この頃はまだ福岡県の石炭産業が斜陽化する直前で、西鉄球団にも十分な資金があった。三原が若手の起用に積極的だったのも、選手の心を動かす理由になっていた。

　新人獲得の上では、**宇高勲**の貢献が大きかった。戦後、第2のプロ野球リーグ「国民リーグ」を創設した宇高は、同リーグが潰れたあとは選手引き抜きの手腕を買われてスカウトマンとして活動していた。西日本の球団創設時、阪急から平井三郎と**日比野武**を引っ張ってきたのも宇高なら、その西日本から平井や南村不可止を巨人に移籍させたのも彼だった。

　巨人との関係がこじれたあと、宇高は西鉄へ加わり、主に関東で

のスカウティングを担当する。その最大の成果が**豊田**（水戸商）の獲得だった。豊田は西鉄入団を決めた動機として、三原・大下といったビッグネームの存在に加え「誠意のにじみ出てくるような話しぶり」で「暖かい人柄」の宇高の人間的な魅力を挙げている。

　三原が監督に就任した当時は、まだプロ意識の低い選手たちが多くを占めていたが、三原は容赦なくそうした選手たちを切り捨て、自らの目に適った選手たちと入れ替えていった。下の表は、**三原の就任2年目以降5年間に西鉄に入団した新人選手の通算成績**（他球団での数字も含む）である。

野手

年度	選手	打率	本塁打	RC
1952	中西太	.307	244	844.0
1953	豊田泰光	.277	263	1086.6
	高倉照幸	.276	168	795.1
1954	仰木彬	.229	70	358.1
	滝内弥瑞生	.189	13	72.6
1955	田中久寿男	.257	76	326.4
	和田博実	.257	100	484.2
	玉造陽二	.263	39	564.7

投手

年度	選手	勝敗	防御率	PR
1952	島原幸雄	85-56	2.38	76.5
1953	西村貞朗	82-47	2.44	61.4
	河村久文	113-83	2.74	21.4
1955	若生忠男	105-107	2.81	52.9
1956	稲尾和久	276-137	1.98	403.6
	畑隆幸	56-50	3.06	-9.1

1950年代　西鉄ライオンズ　169

この５年間で、西鉄黄金時代を形成する選手が多数入団している。しかもその大半は高卒選手だった。的確なスカウティングに加え、まだ頭の柔らかい時期から三原の指導を受け、彼らは三原が思い描くような選手に成長した。スカウトと現場の意思疎通が上手く行かず、せっかく獲得した選手が伸び悩むケースは今でも多いが、この頃のライオンズにはそれは無縁だった。

Important Newcomer
〈大下の存在の大きさ〉

　西鉄は生え抜きと移籍組のバランスもよく取れていた。投手では初期のエースだった**川崎徳次**、野手ではパイレーツから合流した捕手の**日比野**と外野手の**関口清治**、そして**大下弘**が他球団から移ってきた選手たちだった。

　川崎は巨人在籍時代から、福岡出身とあって西鉄球団の立ち上げに関与し、移籍後は初代主将になっている。本職のピッチングでも移籍後最初の６年間で88勝、53年には24勝で最優秀投手に選ばれ、チームの土台作りに大きく寄与した。日比野は56年まで正捕手を務め、関口も球団創成期の中心打者として活躍した。

　移籍選手中最大の大物は大下である。セネタース／東急の主砲にとどまらず、戦後のプロ野球きってのスター選手だった大下は、球団との金銭を巡るトラブルが原因となって、大騒動の末52年途中にトレードでやってきた。主力投手の緒方俊明、中心打者の深見安博の２選手プラス250万円という、当時としては破格のトレードマネーが交換条件だった。

　大下が自己最多の本塁打／打点を記録したのは49年だったが、実質的には.383の高打率を残した、移籍前年の51年が最盛期だった。次頁に示した**年度別の大下の打撃成績**で、500打数あたりのＡＲＣの項目を見ると、51年は170.1というとんでもない数値になっている。この年は故障で89試合にしか出場できなかったが、仮に

フルシーズン出ていれば170得点以上を大下一人で叩き出していた
計算になる。

年代	球団	打率	本塁打	打点	RC	ARC	ARC/500
1946	セネタース	.281	20	74	81.5	67.6	85.6
1947	東急	.315	17	63	93.0	103.2	118.6
1948	急映	.266	16	72	72.2	73.7	74.3
1949	東急	.305	38	102	121.1	90.8	95.4
1950	東急	.339	13	72	91.7	80.7	100.6
1951	東急	.383	26	63	105.0	109.2	170.1
1952	西鉄	.307	13	59	70.7	69.3	97.6
1953	西鉄	.307	12	61	71.8	79.6	89.8
1954	西鉄	.321	22	88	106.2	119.0	115.8
1955	西鉄	.301	12	63	76.8	85.3	90.9
1956	西鉄	.259	4	52	35.4	43.6	62.8
1957	西鉄	.306	4	55	56.7	66.9	84.7
1958	西鉄	.221	1	10	13.8	16.5	41.5
1959	西鉄	.303	3	27	31.6	36.7	72.2

　西鉄移籍後は、これほどまでに爆発的な打者ではなくなっていた。
それでも55年までの4年間はＡＲＣ/500打数が約90あり、また
西鉄が初優勝した54年は115.8と全盛時並みの水準だった。この
年大下はＭＶＰに選ばれているが、それだけの価値はあった。
　何より彼のようなビッグネームが打線の中軸に座っているだけで、
相手投手に相当な威圧感を与えた。52年の段階では中西はまだ新
人で、豊田の入団はその1年後である。豊田は「大下さんが風除け
役になっていたので、自分や中西は気楽に打てた、大下さんが退団
してはじめてその存在感を実感した」という趣旨の発言をしている。
表面的な数字以上に、大下が西鉄にもたらしたものは大きかった。

Management/Strategy
〈独特の三原魔術〉

　三原の最大の特徴は、常識にとらわれない人事や采配を行ない、それらを成功させてきたことである。後世 "**三原魔術**" と呼ばれるようになったが、**その多くは極めて論理的なものであった。**

　監督・三原の一番の英断は、高卒新人の**豊田**を正遊撃手として起用し続けたことだ。プロ入り当初、豊田の遊撃守備は実に酷いもので、チームメイトからファン、果てには西鉄本社幹部からも豊田を外すよう圧力をかけられる有様だった。こうした非難にもかかわらず、三原は頑として豊田をレギュラーから外そうとしなかった。また豊田も「バットで平和台のファンの野次を黙らせる」と決意して三原の期待に応えた。

　結果、豊田は自らの拙い守備を充分に取り返すだけの打撃成績を残した。下の表は、**53 ～ 62 年のパ・リーグ遊撃手のＲＣ上位３位**である。

1953	レインズ	77.8	豊田泰光	73.1	鈴木武	53.0
1954	レインズ	111.4	豊田泰光	75.4	鈴木武	49.4
1955	豊田泰光	86.7	河野旭輝	63.1	森下正弘	50.4
1956	豊田泰光	107.7	河野旭輝	64.0	葛城隆雄	51.3
1957	豊田泰光	90.8	河野旭輝	61.5	森下正夫	60.6
1958	葛城隆雄	79.7	広瀬叔功	72.0	豊田泰光	55.2
1959	豊田泰光	84.4	西園寺昭夫	79.1	広瀬叔功	70.0
1960	豊田泰光	89.5	広瀬叔功	63.5	矢ノ浦国満	37.4
1961	豊田泰光	82.2	広瀬叔功	77.5	柳田昌夫	45.8
1962	豊田泰光	82.0	矢ノ浦国満	56.3	柳田昌夫	51.8

　58 年を除いた９年間で、豊田は毎年 73 以上のＲＣを記録していた。これを１年でも上回ったのは、53・54 年のレインズと 53 年の

葛城、59年の西園寺、61年の広瀬だけ。55〜57、59〜62年の7年は、常に豊田が遊撃手としてリーグ最多のＲＣだった。56年は2位の河野に43.7点、翌57年も同じく河野に29.3点の大差をつけた。

　数字だけでなく、この期間ずっと遊撃に定着していたこと自体が大きかった。葛城や西園寺は三塁がメインで遊撃を守った期間が短かったし、河野や広瀬は外野に転向してしまった。守備の不安はあってもコンバートをせず、遊撃で起用し続けた三原の判断は、守備陣を固定するという面でも意味があった。

　昔も今も、遊撃手というポジションは守備優先であり、打撃には少々目をつぶっても好守の選手が起用される傾向が強い。それが間違っているわけではないけれども、守備で失う点よりも多くの点を打撃で稼ぎ出せば、結局はチームにとってプラスになる。**豊田の打力は遊撃手としては史上有数**で、全盛期の攻撃力で豊田を上回っていたのは松井稼頭央と中島裕之しかいない。

　ところで、豊田の守備は酷かったという定説は本当に正しかったのか。下の表は豊田の西鉄時代と、**同時期の他球団遊撃手の、1試合あたりの失策数**を比較したものだ。

年度	豊田	南海		阪急			毎日・大毎	
1953	0.40	木塚	0.22	レインズ	0.26		北村	0.20
1954	0.29	木塚	0.21	レインズ	0.31		北村	0.28
1955	0.27	木塚	0.25	河野	0.31		岡田	0.26
1956	0.27	木塚	0.26	河野	0.36		葛城	0.37
1957	0.26	森下	0.28	河野	0.30		中野	0.28
1958	0.24	広瀬	0.35	本屋敷	0.22		葛城	0.31
1959	0.20	広瀬	0.28	本屋敷	0.14		八田	0.24
1960	0.17	広瀬	0.25	本屋敷	0.17		八田	0.26
1961	0.18	広瀬	0.25	本屋敷	0.14		柳田	0.30
1962	0.14	小池	0.20	本屋敷	0.17		辻本	0.17

（※つづき）

年度	東映		近鉄		大映	
1953	長沢	0.27	鈴木	0.35	山田	0.25
1954	水上	0.37	鈴木	0.33	山田	0.23
1955	水上	0.41	戸口	0.20	山田	0.17
1956	石原	0.26	鈴木	0.31	八田	0.38
1957	前川	0.26	木塚	0.28	坂本	0.30
1958	前川	0.29	木塚	0.30		
1959	西園寺	0.33	鈴木	0.28		
1960	武井	0.22	矢ノ浦	0.32		
1961	山本	0.31	矢ノ浦	0.37		
1962	岩下	0.21	矢ノ浦	0.35		

　豊田の1年目の1試合平均0.40失策は確かに多い。しかし2年目以降は一度も0.30を超えておらず、60年までは毎年数字を下げていて、確実に守備が上達していたことが窺える。また他球団の遊撃手でも、54〜55年の水上静哉（東映）、55〜57年の河野旭輝（阪急）、また近鉄のほとんどの選手は、豊田の2年目以降よりずっと多い失策数を記録している。つまり**豊田の失策数は、1年目を除けばリーグ平均と変わらないか、むしろそれを下回っていた**。豊田＝拙守という評価は、1年目の印象を引きずっていたもので、実状よりも増幅されたイメージだった。

　三原は**打線の組み方**にも独自性を発揮した。日本では伝統的に、一番打者は盗塁のできる俊足の選手、二番打者はバントや右打ちで走者を進める技術を持つ選手を置く考え方が支配的だ。プロ野球が誕生して80年が過ぎた今でも、そうした慣習は染みついたままである。

　ところが、そうした固定観念に縛られない三原は、54年から**二番打者にチーム有数の強打者である豊田を据えた**。四番に大下、そ

の前後を中西と関口、そのまた前後に豊田といった風に、順番に力のある打者を並べたこの打線は、三原が一時新聞記者をしていた頃に考え出したもので「**強打者は四、三、五、二番の順に配置する**」のがポイントだった。実際、現在のメジャー・リーグでは二番に出塁率の高い打者や、進塁打でなく長打で走者を進められる打者を置くスタイルはごく普通に見られる。三原の打線の組み方には充分な合理性があった。

　流線型打線と命名されたこの打線の効果は、54 年の得点が前年の 487 から 590 と 100 点以上も増えたことで証明された。翌 55 年も 663 得点はリーグ 1 位、56 年からも 3 年連続で 2 位の得点を記録した。

　その後も上田利治監督時代の日本ハムが小笠原道大を二番に入れたり、近年ではヤクルトの川端慎吾、西武の栗山巧らバントをしない攻撃型二番は増えてきている。ただし、攻撃力のある打者が少ないチームでは、上位に好打者を集めすぎると、中軸以下が貧弱になってしまう場合もある。そのため、なかなか二番に強打者を置くのは難しく、完全なスタンダードとなるには至っていない。三原の流線型打線も、西鉄野手陣の層の厚さによって可能になっていた部分はあるけれども、彼の発想が斬新だったことに違いはない。

Key Player
〈史上最高の投手・稲尾〉

　プロ野球史上最高の投手として、まず名前の挙がるのは 400 勝投手の**金田正一**だろう。勝利数では**米田哲也**の 350 勝がこれに次ぎ、さらに**小山正明、鈴木啓示、別所毅彦、ビクトル・スタルヒン**が 300 勝以上。稲尾は 276 勝で史上 8 位だ。

　しかしながら、**同リーグの他投手との比較という観点**だと、稲尾こそが最高となる。

1950 年代　西鉄ライオンズ　175

〈稲尾の年度別成績〉

年度	勝敗	防御率	PR
1956	21-6	1.06	45.7
1957	35-6	1.37	58.0
1958	33-10	1.42	58.3
1959	30-15	1.65	57.9
1960	20-7	2.59	11.3
1961	42-14	1.69	65.4
1962	25-18	2.30	31.7
1963	28-16	2.54	24.0
1964	0-2	10.64	-9.0
1965	13-6	2.38	16.9
1966	11-10	1.79	22.4
1967	8-9	2.65	5.7
1968	9-11	2.77	10.6
1969	1-7	2.78	4.8
合計	276-137	1.98	403.6

　稲尾は年間ＰＲ50以上の年が57・58・59・61年の4回もあった。同じイニング数を投げた場合、稲尾は平均的な投手より50点以上も取られる点数が少なかったということである。これに対し、金田はＰＲ50以上が58年（51.0）の一度だけ、40以上も58年と63年（44.0）だけだった。通算ＰＲは405.3で稲尾を1.7ポイント上回っているが、**全盛時に他球団を圧倒したのは稲尾のほうだった。**

　ただしこの方法では、リーグのレベルが著しく違った場合には正確に力量を測れない。パ・リーグは54〜56年の3年間は8球団、57年も7球団あって、その分全体的なリーグの水準がセ・リーグより劣っていた可能性がある。

　そこで、稲尾が日本シリーズで巨人と対戦した56〜58年の投

球内容を調べてみよう。

1956 年

試合	回	安打	四球	三振	自責点	
1	1	1	0	2	0	
2	4.1	5	1	3	2	
3	2	0	0	4	0	勝
4	6	2	1	4	0	勝
5	0	3	0	0	3	
6	9	4	1	5	1	勝
合計	22.1	15	3	18	6	

1957 年

試合	回	安打	四球	三振	自責点	
1	9	9	1	11	2	勝
3	9	6	3	6	3	勝
合計	18	15	4	17	5	

1958 年

試合	回	安打	四球	三振	自責点	
1	4	7	0	3	2	敗
3	9	3	0	4	1	敗
4	9	10	2	6	4	勝
5	7	1	1	5	0	勝
6	9	3	0	9	0	勝
7	9	6	1	5	1	勝
合計	47	30	4	32	8	

　この 3 年間の合計は 87.1 回を投げて 9 勝 2 敗、防御率 1.96。同

期間のレギュラーシーズンでの金田の成績は防御率 1.56 で、巨人戦に限っては 18 勝 10 敗、1.95。防御率はほぼ同じだった。稲尾には少なくとも金田と同程度の実力があり、リーグのレベルの差が数字を押し上げていたのではなかった。何より、日本シリーズという最高の舞台で 3 年続けてこれだけの投球を続けたことが、実力を証明している。

稲尾以外の西鉄の投手では、**西村貞朗**や**島原幸雄**も活躍したがいずれも短命だった。10 年以上にわたりライオンズ投手陣の屋台骨となり、しかも常にリーグ最高クラスの成績を残していた稲尾が、西鉄黄金時代の選手で一番のキーパーソンであることに異論はないだろう。

Decline Phase
〈主力の衰えをカバーできず……〉

西鉄の黄金時代は、**中西**が故障に見舞われなければもっと長く続いたはずである。中西は 59 年、試合中のアクシデントで手首を傷めてしまい、以後 100 試合以上出場した年はなかった。このときまだ 26 歳、これから打者としての全盛期にさしかかろうとする時期だった。後釜の城戸則文の打力が弱かったこともあり、ライオンズ打線の得点力は激減してしまった。

62 年限りで**豊田**が退団したのも響いた。すでに述べたように、豊田の打力は遊撃手としては群を抜いていたが、中西との確執などがあり、西鉄に嫌気が差していた。そこへ巨人、次いで国鉄が移籍をもちかけ、砂押邦信監督が水戸商の先輩だった縁があって国鉄入りが決まった。破格の移籍金 5000 万円でスワローズへ移った豊田の穴を、西鉄は外国人選手の**トニー・ロイ**を獲得して一旦は埋めたものの、ロイの退団後はいよいよどうしようもなくなった。

64 年には**稲尾**も消耗してしまった。次の表は、**稲尾のプロ入り以来の登板数と投球回数**である。

年度	登板	投球回
1956	61	262.1
1957	68	373.2
1958	72	373.0
1959	75	402.1
1960	39	243.0
1961	78	404.0
1962	57	320.2
1963	74	386.0
1964	6	11.1
1965	38	216.0
1966	54	185.2
1967	46	129.0
1968	56	195.0
1969	32	97.0
合計	756	3599.0

　56年、高卒新人にしていきなり262.1回を投げると、翌57年から3年連続で370回以上。故障した60年を挟み、61年から再び3年連続300回以上も投げている。この間、58年に日本シリーズで4連投して逆転優勝をもたらしたのは有名だが、その2年前の56年のシリーズでも6連投していた。

　しかもこの頃は、現在のように1週間程度の登板間隔を空け、きっちりとしたローテーションで投げていたのではない。毎日ベンチ入りし、ピンチのときにはマウンドに上る抑え役も兼務していた。現に稲尾の場合、304試合の先発よりも救援登板のほうが452試合と多かった。

　当時、このような起用法はどの球団でもごく当たり前に行なって

いた。とはいえ、これだけ無謀な起用が続けば、どんな投手でも壊れないはずがない。果たして 64 年、稲尾は肩を痛めてしまいシーズンを通じてほとんど投げられなくなった。それ以降も引き続き優れた投手だったのは P R の値でも明らかであるが、結局 69 年限りで 33 歳にして現役を退かざるを得なかった。その頃の球界で最も開明的な指導者だった三原でさえも、**投手の酷使**については頭が及ばなかったのだ。

　キャリアの初期だった三原時代にも酷使されたが、決定的だったのは**川崎**監督時代の 61 年に、日本記録の 78 試合に投げさせられたことだろう。この年、西鉄は優勝争いから遅れをとって 3 位に終わったが、それでも稲尾は起用され続けた。豊田は「川崎さんは A クラス入りにこだわっただけ。保身のために稲尾を酷使した」と川崎采配を批判していて、事実日本記録の 42 勝を達成した代わりに、この後めっきりと力は衰えていった。こうして西鉄の黄金時代を支えた中西・豊田・稲尾のトリオは、60 年代半ばには全員が第一線から退いた。

　三原が 59 年限りで退団した影響も大きかった。その後も 63 年に**中西**兼任監督の下でリーグ優勝したように、チーム力は急激には落ちなかった。それでも三原ほど上手に戦力を掌握して作戦を練り、的確に補強して競争力を維持できる人物は見当たらなかった。豊田が「三原さんの後には三原クラス以下の人が余所から来ても駄目」と言っていた通りになったのである。

　この頃には西鉄本社の経営事情もあって、ライオンズの補強費は削られる一方になっていた。ただでさえ戦力は落ちているのにそれを補充することもできず、加えて能力の劣る指揮官が采配を振るようになったのでは、チーム力が劇的に下降していったのも当然だった。そして 69 年、西鉄球団に決定的なダメージを与える出来事が起きる。

What would have happened if...
〈"黒い霧" がなかったら？〉

　1969 〜 70 年にかけて世間を騒がせた " 黒い霧 " 事件は、プロ野球史上最悪のスキャンダルとして知られている。西鉄を始めとした多くの選手が、暴力団絡みの八百長に関わったことが明るみに出て、コミッショナーから処分を下されたものだ。西鉄では敗退行為の実行犯となった永易将之（すでに退団）、与田順欣、益田昭雄の 3 投手、加えて実行はしなかったものの金銭を受け取ったとされた池永正明投手の 4 人が永久追放。村上公康捕手と船田和英内野手は 1 年間の出場停止、基満男内野手は厳重注意と、合計 7 選手が処分の対象となった。

　東映の主力投手だった森安敏明や、オートレース八百長に関与した中日の小川健太郎も永久追放となったが、退団者も含め 4 人が追放された西鉄の被害が最も大きかった。しかも、ほとんどがチームの主力選手であった（実戦に出る選手を巻き込まないと、八百長は成立しないのだから当然だ）。**処分対象者の 69 年当時の成績**は、次の通りだった。

池永正明：34 試合、18 勝 11 敗、防御率 2.57、Ｐ Ｒ 19.5
永易将之：32 試合、2 勝 6 敗、3.27、Ｐ Ｒ － 0.4
与田順欣：45 試合、7 勝 11 敗、3.81、Ｐ Ｒ － 9.5
益田昭雄：40 試合、8 勝 15 敗、3.26、Ｐ Ｒ － 0.4
村上公康：122 試合、打率 .239、14 本塁打、37 打点、Ｒ Ｃ 38.6
船田和英：109 試合、打率 .249、8 本塁打、35 打点、Ｒ Ｃ 38.4

　これだけの選手の穴を突然埋めなくてはならなくなったのだから、その大変さは推して知るべしだ。しかも 4 人のローテーション投手だけでなく、正捕手の村上まで抜けてしまったのである。
　与田や益田も主力投手の一人ではあったが、何にも増して響いた

1950 年代　西鉄ライオンズ　181

のは池永の退団だった。下関商時代は甲子園の優勝投手となり、65年に西鉄に入団すると20勝を挙げ新人王を受賞。その後も5年連続で15勝以上、防御率7位以内。追放時点でまだ23歳であり、これから先もエースとしての働きが期待されていた矢先の出来事だった。

　池永を失った西鉄の投手陣は、壊滅的な状態に陥った。**70～71年の投手陣の成績**は次のようになる。（投球回数上位5名）

1970年

	勝敗	防御率	PR
河原明	13-19	4.18	-15.6
東尾修	11-18	5.15	-30.1
三輪悟	7-14	2.91	16.8
後藤清	1-5	3.60	-0.2
中井悦雄	3-0	3.24	3.1

1971年

	勝敗	防御率	PR
東尾修	8-16	3.75	1.0
高橋明	14-13	3.73	1.0
河原明	4-16	5.45	-31.5
三輪悟	4-10	4.20	-5.6
田中章	4-9	4.17	-4.8

　池永らを失ったことで、若手の投手たちに皺寄せが来た。70年は前年に入団2年目で12勝した河原が軸となり、箕島高から入団2年目の東尾、この年ドラフト2位で電電信越から入団した三輪の3人がフル回転。このうち三輪は7勝14敗ながらPR 16.8と好投したものの、東尾はPR－30.1と明らかに力不足で、球団史上初

182

の最下位に転落した。

　続く 71 年は東尾が大きく負け越しながらも P R はプラス、巨人から加入した高橋も 14 勝したが、それ以外の投手は最多でも 4 勝。質だけでなく投手の量が致命的に不足していた。この年はわずか 38 勝、首位から 43.5 ゲームもの大差をつけられての最下位だった。"黒い霧"は新人補強にも影響を及ぼした。ドラフト施行以降、ライオンズが 1 位指名した選手は 6 人全員が入団していた。ところが事件発覚後の 70 年以降、西武に身売りするまでの 8 年間では、71 年の吉田好伸（丸善石油下津）・74 年の田村忠義（日本鋼管福山）・77 年の江川卓（法政大）と 3 回も拒否に遭っている。八百長事件でのイメージダウン、それに伴なう球団身売り→経営の不安定さが敬遠された格好だ。

　当時のパ・リーグの状況や西鉄の経営状態を考えれば、いずれ身売りは避けられなかったかもしれない。だが、黒い霧がとどめの一撃を加えたことは間違いない。73 年には太平洋クラブ（福岡野球株式会社）が経営権を肩代わりし、さらにその 6 年後には福岡を去って西武ライオンズとなる。資金に恵まれ、確かなビジョンを持った大企業のもと見事な再生を果たした新生ライオンズは、しかしながら西鉄球団の遺伝子をまったく引き継がないチームとなった。プロ野球史上最も魅力的な球団の一つだった西鉄ライオンズは、ここに終焉を迎えたのである。

Conclusion

　ライバルの南海が鶴岡によって作られたのと同様に、**西鉄も三原の作ったチーム**だった。就任当初の寄せ集め集団から自分の眼鏡に適った選手だけを残し、外部から新鮮な血を導入して、新しいチームに生まれ変わらせた。最初から天才的な打撃を見せていた中西はともかく、豊田の才能を信じて我慢して起用し続けたことや、稲尾を発掘して開花させたこと、何より基本を徹底して叩き込み、選手

1950 年代　西鉄ライオンズ

の意識を変えていったことは三原の功績である。

　三原魔術と呼ばれた独創性も、選手たちの能力を引き出した。その最大の成果が**流線型打線**であり、二番に強打者を置くという、実際に効果があって理論的にも優れていた打線の組み方が、その後の**スタンダードとならなかったのは不思議**にさえ思える。前述のように戦力不足で満足に打線を組めないのならともかく、Ｖ９時代の巨人や80年代の西武などであれば、十分に流線型を形成できたはず。それが実現しなかったのは、かつて三原西鉄に煮え湯を飲まされた川上哲治やその弟子の森祇晶が、三原の手法を踏襲することに抵抗を感じていたから……と考えるのは穿ちすぎだろうか。

　しかしながら、個人の才覚に支えられている球団がすべてそうであるように、西鉄も三原を失ってからは指針をなくして凋落の一途をたどった。親会社の経営体力が弱体化して、補強に金をかけられなくなっていたことが、それに輪をかけた。

　三原自身は西鉄を退団してから大洋へ移り、60年に前年最下位から奇跡の日本一を達成。その後も万年下位だった近鉄を引き受けて優勝の一歩手前まで持っていくなど、行く先々で魔術師ぶりを発揮した。その一方で、後継者の育成については関心が薄く「三原野球」を伝授しようとしたのは娘婿の**中西**に対してだけだった（結局はそれも上手くいかなかったが）。彼が率いたチームが退団後にいずれも成績を落としたのは、三原の采配能力が高かったからだけでなく、**自らの衣鉢を継ぐ人材を残せなかった証拠**でもある。門下生で指導者として成功したのは**仰木彬**だけで、その仰木も近鉄時代に西本幸雄から大きな影響を受けており、100％三原の直弟子とは言い難い。

　しかし、西鉄球団の末路を知っている我々からすれば、**三原が残っていてもライオンズの衰退は避けられなかったかもしれない**と映る。どんな才覚に恵まれた智将であっても、一個人の力だけでは、60年代のパ・リーグを覆っていた閉塞的な状況を打ち破れなかったはずだ。いずれにしても選手集めから育成、采配までが一人の監督の

肩にかかって、しかもそれが大々的な成功を収めるというのは、プロ野球が高度に専門化されていなかった時代だから出来たことであり、その手法がそのまま現代でも通用するわけではないだろう。

1940〜60年代
南海ホークス

1946－68（23年間）、Aクラス18回、優勝9回、日本一2回

資金力＝B
スカウティング＝A＋
育成力＝A
外国人選手＝A－
監督＝A＋

年 度	監督	順位	勝利	敗戦	引分	勝率	ゲーム差
1946	山本一人	1	65	38	2	.631	—
1947	山本一人	3	59	55	5	.518	19.0
1948	山本一人	1	87	49	4	.640	—
1949	山本一人	4	67	67	1	.500	18.5
1950	山本一人	2	66	49	5	.574	15.0
1951	山本一人	1	72	24	8	.750	—
1952	山本一人	1	76	44	1	.633	—
1953	山本一人	1	71	48	1	.597	—
1954	山本一人	2	91	49	0	.650	0.5
1955	山本一人	1	99	41	3	.707	—
1956	山本一人	2	96	52	6	.643	0.5
1957	山本一人	2	78	53	1	.595	7.0
1958	山本一人	2	77	48	5	.612	1.0
1959 *	鶴岡一人	1	88	42	4	.677	—
1960	鶴岡一人	2	78	52	6	.600	4.0
1961	鶴岡一人	1	85	49	6	.629	—
1962	鶴岡一人	2	73	57	3	.562	5.0
1963	鶴岡一人	2	85	61	4	.582	1.0
1964 *	鶴岡一人	1	84	63	3	.571	—
1965	鶴岡一人	1	88	49	3	.642	—
1966	鶴岡一人	1	79	51	3	.608	—
1967	鶴岡一人	4	64	66	3	.492	11.0
1968	鶴岡一人	2	79	51	6	.608	1.0

（＊は日本シリーズ優勝）

1946年、太平洋戦争による1年間の空白期間と、多くの選手を含む犠牲を出したのち、プロ野球は再開に漕ぎつけた。その最初のシーズン、優勝を飾ったのは**近畿グレートリング**だった。戦前は**南海**として参加していた球団で、親会社の南海電気鉄道が44年に関西急行鉄道と合併し近畿日本鉄道、すなわち近鉄と社名が変わった。プロ野球の再開時も依然として旧南海は近鉄の傘下だったため、球団名が近畿となったのである。グレートリングというニックネームも、鉄道車両の車輪をイメージしてつけられたものだった。

再開1年目、近畿は巨人との争いを1ゲーム差で制して優勝。最優秀選手には監督兼任でチームを引っ張った**山本一人**が選ばれた。

旧南海が近鉄から独立した翌47年からは、**南海ホークス**として再出発。この年は3位に落ちたものの、続く48年は再び優勝。50年からはパシフィック・リーグに参加し、68年までの19年間で2度の3連覇を含む優勝9回、2位9回と長期にわたる黄金時代を作り上げた。**杉浦忠**の4連投で巨人に4連勝した59年、**ジョー・スタンカ**が熱投を繰り広げた64年の2回日本一になっている。

この間、監督は一貫して鶴岡（59年に山本から改姓）だった。鶴岡は現役時代も3度のMVPに輝いた名選手だったが、監督としても優秀であり、なおかつ編成面での実績も並外れていた。ホークスというチームは、まさしく鶴岡によって作り上げられたのだった。

Impressive Rookies
〈遅咲きルーキー柚木〉

鶴岡がプロ野球生活のスタートを切ったのは41年。法政大学を卒業し、南海に入団してすぐ主将に任命される。その頃の"職業野球"はアマチュアよりも一段低い位置に見られており、まともな学生の就職先とは見られていなかった。大卒後直接プロ入りしたのは鶴岡が第一号で、新人ながら主将となったのはそうした事情も手伝ってのことだった。ところが1年在籍しただけですぐに兵役に就かね

ばならなくなり、南海に戻ってくるのは戦後になってからだった。

復帰早々監督の座に就いた鶴岡には、選手集めという大変な仕事が待っていた。ただでさえ終戦直後の困難な時期、優秀な選手を獲得するため、鶴岡は自身のコネクションをフルに活用する。出身地の広島県（**田川豊・柚木進・広瀬叔功・長谷川繁雄**）、母校の法政（田川・柚木・**江藤正**・長谷川）、そして南海のテリトリーである大阪と和歌山（**中谷信夫・筒井敬三・笠原和夫・蔭山和夫・堀井数男**）が主な供給源となった。48年には他球団に先駆けて二軍を作り、南海土建の名で社会人野球に参加させた。

また、門司鉄道局にいた中谷を獲得した際に同チームの監督だった**石川正二**は、その後南海のスカウトに転身。同じ門鉄の**木塚忠助**をはじめとして、九州出身の選手を重点的に獲得し、室町時代の役職になぞらえて九州探題の異名をとった。

中でも最もインパクトのある補強になったのは、48年に入団した**柚木**だった。呉出身の柚木は、鶴岡が世話をして法政大に入学した選手だった。兵役に取られていたため南海入団時はすでに27歳だったが、その遅れを充分に取り戻す。

柚木の年度別成績

年度	試合	勝敗	防御率	PR	順位
1948	42	19-11	1.89	24.9	4 位
1949	36	13-13	3.93	0.8	31 位
1950	42	19-10	2.79	28.1	3 位
1951	36	19-5	2.08	22.5	3 位
1952	40	19-7	1.91	31.7	1 位
1953	30	16-8	2.54	8.5	10 位
1954	33	14-6	2.36	10.9	15 位
1955	19	3-4	2.15	6.7	21 位
1956	3	1-0	3.60	-1.2	*

48 年は、柚木は新人ながら 19 勝を挙げ、防御率 1.89 は 26 勝の別所昭・21 勝の中谷を上回りチームトップ。ＰＲ 24.9 はリーグ 4 位で、ホークスのＶ奪回に大きく貢献した。翌 49 年は成績を落としたものの、50 年以降は巨人に引き抜かれた別所に代わるエース格として、52 年までの 5 年間で 4 度ＰＲでリーグ 4 位以内に入る活躍を続けた。19 勝 7 敗、防御率 1.91 とＰＲ 31.7 が 1 位だった 52 年はＭＶＰに選ばれている。

野手で特に貢献度の高かった新人は、50 年に早稲田大学から入団した**蔭山**だった。六大学の花形選手だった蔭山は、50 年秋に新たな本拠地球場として大阪球場が開場するため、その目玉として毎日や近鉄と争って獲得に成功。その目論み通り、1 年目からリーグ最多の 15 三塁打を放ち、ＰＡＲＣ 78.6 は 4 位と大活躍した。一塁・**飯田徳治**、二塁・**山本**（鶴岡）、三塁・**蔭山**、遊撃・**木塚**の内野陣は当時日本一の陣容を誇り、**100 万ドルの内野陣**と称された。

Important Newcomer
〈外国人選手を上手に操縦〉

黄金期のホークスでは、他球団から移籍して主力となった選手が極めて少ない。これは当時としては相当珍しいことである。

プロ野球が 2 リーグに分立したのは 1950 年だが、それ以前にも終戦後の混乱期には選手の移動、および球団の合併・消滅などが相次いだ。そのため、当時はどこの球団でも主力選手の多くは他球団のユニフォームを着た経験があった。パ・リーグ初代優勝チームの毎日オリオンズは、主力の大半が阪神から引き抜いてきた選手たち。のちに南海の強力なライバルになる西鉄は、同じ福岡を本拠とした西日本パイレーツとの合併球団だったし、南海と同じ近畿の球団である阪急も、中谷順次や戸倉勝城らの主軸が移籍組だった。

ホークスにほとんど移籍選手がいなかったのは、当時の南海の選

手層が極めて厚く、他球団からの戦力を必要としなかったからである。それだけのチームを作り上げた鶴岡の、ＧＭとしての能力が優れていた証拠である。

　数少ない例外が、55 年に近鉄から移ってきた**杉山光平**だった。52 年に近鉄に入団した杉山は、当時の監督と対立し、3 年間で 154 試合に出場したのみだった。そこでファームで杉山の打撃を見ていた鶴岡が要請し、獲得に成功したのである。一塁から外野へコンバートされた飯田の後釜に据えられた杉山は、打率 .278、16 本塁打、90 打点、ＲＣ 67.6 の好成績を残す。59 年は打率 .323 で首位打者になり、62 年に阪急にトレードされるまで中軸打者として打ち続けた。

　外国人選手の導入も他球団に比べて遅かった。パ・リーグでは 52 年までに阪急・毎日・西鉄・近鉄が、すでに外国人選手を獲得していた。だが南海は 56 年のハワイ遠征で発掘した藤重登が第 1 号で、しかも全然戦力にならなかった。トレードで選手を取らなかったのと同様、自前の戦力で事足りていたので、わざわざ外国から連れてくる必要もなかったのだろう。

　しかし、主力選手の故障を機に一旦外国人を獲得し始めると当たりの確率は高かった。58 年に入団した**半田春夫（カールトン半田）**と翌 59 年入団の**ジョン・サディナ**は、いずれも 59 年の日本一に貢献したし、60 〜 65 年の**ジョー・スタンカ**、61 〜 63 年の**ピート（バディ・ピーターソン）**、62 〜 67 年の**ケント・ハドリ**もみな優秀だった。60 年代に獲得した選手で戦力にならなかったのは、メジャーでの実績が最もあったジョニー・ローガンだけだった。

　鶴岡が特に外国人選手の獲得ルートを持っていたわけでもないのに、これだけ当たりが多かったのは、運に恵まれた部分も大きかったかもしれない。だが、鶴岡の外国人に対する接し方も心得たもので、慣れない異国での生活を送るにあたって親身になって相談に乗りもした。64 年の日本シリーズでは、「優勝のためならいつでも登板ＯＫ」とスタンカが第 6・7 戦に 2 試合連続で先発して完封勝利

を収めたが、このような日本人的な起用法に応えてみせたのも、彼が鶴岡をボスとして慕っていたからこそ。南海に優良外国人が多かった理由を、このような点に求めても的外れではないはずだ。

1950 ～ 69 年のホークスの外国人選手

野手	年代	打率	本塁打	打点	RC
藤重登	1956-57	.143	2	3	2.2
半田春夫	1958-61	.261	18	105	141.6
ピート	1961-63	.272	58	186	199.3
ハドリ	1962-67	.260	131	396	381.9
ローガン	1964	.189	7	23	16.6
ブルーム	1965-66	.298	15	69	92.9
ブレイザー	1967-69	.274	15	86	160.4
投手		試合	勝 - 敗	防御率	PR
サディナ	1959-60	54	12-13	3.28	-7.0
スタンカ	1960-65	232	94-59	2.90	32.1

Management/Strategy
〈次々に出てきた若手投手〉

　こうして集められた戦力をいかに生かすかについては、鶴岡はお手のものだった。**鶴岡ホークスの最大の武器は機動力**だった。後述するように、46 年から 53 年まで 8 年連続して盗塁部門でリーグ 1 位。盗塁王のタイトルも 46 ～ 52 年は**河西俊雄**、**木塚忠助**とホークスの選手 2 人で独占していた。

　この頃のプロ野球は、まだそれほどホームランでガンガン点を取っていく時代ではなかった。48 ～ 50 年頃、反発力の強いラビットボールなどが使われて長打全盛の時期があったが、すぐに元の状態に戻っていた。長打による大量得点が期待できない時代、単打を二塁打へ、二塁打を三塁打へ変える足の力は極めて有効だった。

1940 ～ 60 年代　南海ホークス　　193

だが機動力以上に南海の強さを支えていたのは、毎年のように新しい戦力を送り出した**安定した投手力**だった。下の表は、47〜59年までの南海の投手のうち、**入団5年目以内もしくは25歳以下の投手の活躍ぶり**を示したものである。※印の中原は戦前の43年に1年だけ阪神に在籍していたけれども、4年のブランクを経て48年に南海でプロに復帰しているので、実質的には1年目と言っていい。

年度		年数	年齢	勝敗	防御率	PR	その後の勝敗
1947	中谷信夫	1	27	15-18	2.40	1.7	75-58
1948	柚木進	1	28	19-11	1.89	24.9	104-53
	中原宏	※2	25	13-7	2.27	11.0	53-44
1949	武末悉昌	1	27	21-17	3.13	31.4	28-29
1950	江藤正	2	28	14-9	2.92	22.4	36-25
1951	服部武夫	2	19	10-7	2.03	18.6	16-11
1952	大神武俊	1	20	8-5	3.15	3.6	36-16
1953	井上慎一	2	23	14-5	2.92	0.7	—
1954	宅和本司	1	19	26-9	1.58	51.5	30-17
	戸川一郎	1	19	8-3	2.10	10.5	25-11
1955	中村大成	3	20	23-4	2.13	25.9	6-7
	小畑正治	4	21	13-4	2.69	6.6	14-5
	円子宏	1	22	12-5	2.34	12.1	6-1
1956	田沢芳夫	2	20	15-8	1.81	18.2	29-18
	野母得見	3	26	14-6	2.18	11.1	17-18
	長光告直	2	20	13-7	1.68	19.8	15-9
	皆川睦男	3	21	11-10	2.17	9.7	210-126
1957	木村保	1	23	21-11	2.46	7.5	0-2
1958	杉浦忠	1	23	27-12	2.05	26.0	160-94
1959	祓川正敏	3	20	18-7	2.48	11.3	10-7

54年の宅和・57年の木村・58年の杉浦は新人王。江藤は51年に最多勝、大神は53年、中村は55年に勝率1位になっている。このように、ほぼ毎年新たな戦力が送り出されていた一方で、**好成績が長続きした投手はあまりいなかった**。飛躍の年以降、通算50勝以上したのは中谷・中原・柚木・皆川・杉浦の5人のみ。武末・宅和・中村・木村の4人は1年目に20勝しながらその後は2ケタ勝利すらなかった。結果的に、彼らはほんの一時活躍しただけで消えた格好になっている。

　これには二つの見方ができるだろう。一つは、もともと長くできるだけの力はなかった投手たちを、鶴岡がその実力を正確に見極めて最高の成績を引き出したとの見方。もう一つは、大事に使えば長く戦力となれるはずだった投手たちを、近視眼的な起用で消費してしまったとの見方だ。

「鶴岡は投手を潰す」との批判は当時からあって、本人は「だれも自分のチームのたいせつな投手を、つぶしたくてつぶす監督はいない」と反論している。また「守備力、打力の援護で、ようやく勝利投手になるという面が多分にあって、ピッチャーが、自分の力で押え込んで勝つということは、存外少なかった。それをあたかも自分の力で勝ったかのように過信した」「（一部の投手は）芽を出してきて、これからというところで、それぞれ故障して消えていってしまった。肩を痛めたのが原因だが、少し勝つとチヤホヤされる、オレはもう一人前だと錯覚を起こして、努力を怠った面もあると思う」と投手自身の責任に言及し、さらに「（柚木以外は）ほとんどテストでとるか、ファームから上がってきたピッチャーであった。いま考えても、よくあんな投手力でやりくりがついたものだと思う」と己の手腕を自賛している（『鶴岡一人の栄光と血涙のプロ野球史』）。

　これらは鶴岡の本音であり、またそこには真実も含まれていたのだろうが、結果的に多くの投手が潰れたことに対する反省の念はな

かったようだ。武末は手首を負傷、宅和は腰、円子は肘、服部や井上、小畑は肩痛に悩まされた。江藤や野母は「精神的に弱い部分があった」と鶴岡は指摘し、1年目に21勝しながらその後1勝もできず野手に転向した木村については「高校時代にすでに完成されていて、投手としての寿命が尽きた」と見ている。

だが真の理由は、年齢に注目するとわかるかもしれない。飛躍の次年以降に50勝以上した5投手のうち、皆川を除いた4人は大学か社会人出身。これに対し30勝以下だった13投手は、武末・井上・円子・野母・木村を除いた8人が高卒ですぐプロ入りしていた。つまり、肉体的に成長しきらないうちに多くのイニング数を投げた影響によって、故障した可能性が考えられる。

次から次へと優秀な投手が輩出したので、戦力の低下は免れた。しかし、長く戦力となれたはずの投手たちを使い捨てにしてきたと取れなくもない。**この時期の鶴岡の投手起用には功罪両面**があって、短期的には功があっても、長い目でみれば罪のほうが大きかったのかもしれない。

Key Player
〈不世出の名捕手・野村〉

長きにわたった鶴岡ホークスの黄金時代を前後期で分けると、分岐点は**野村克也**が正捕手になって2年目の57年になる。黄金時代を築くようなチームにはたいてい好捕手がいるものだが、南海はそうではなかった。1リーグ時代に正捕手だった**筒井修**は、50年頃にはすでに衰えが進んでいた。代わってレギュラーとなった**松井淳**は、打撃に問題があった。50年代初め頃まで、捕手は南海野手陣の唯一のウィークポイントだった。

それを解消したのがテスト入団で、当初はまったく期待されていなかった野村だった。野村は日本プロ野球史上最高の捕手であるだけでなく、レベルの違いを無視すれば、世界で最高の捕手かもしれ

なかった。その打力は、同時代の他の捕手たちとは比べるのも愚かしいほど飛び抜けていた。

　下の表は、野村が正捕手になった56年以降10年間の、**野村と他球団の正捕手のＲＣの比較**である。

年度	野村	西鉄		大毎 / 東京	
1956	45.7	日比野	18.6	佃	23.6
1957	102.2	和田	27.2	醍醐	24.7
1958	63.8	和田	27.2	醍醐	13.8
1959	66.4	和田	19.8	谷本	39.1
1960	80.5	和田	39.5	谷本	32.1
1961	92.0	河合	39.8	谷本	37.5
1962	123.4	和田	68.7	谷本	29.4
1963	125.2	和田	58.0	谷本	49.4
1964	103.2	和田	43.3	醍醐	39.1
1965	121.3	和田	40.9	醍醐	51.9

年度	東映		阪急		近鉄	
1956	安藤	6.2	山下	29.0	加藤	20.4
1957	山本	41.7	山下	13.7	山田	18.1
1958	山本	43.0	山下	26.0	佃	23.0
1959	安藤	21.4	山下	9.9	加藤	22.0
1960	山本	40.3	山下	13.1	竹下	40.2
1961	安藤	29.8	岡村	10.1	村田	16.2
1962	安藤	14.5	山下	9.3	吉沢	21.0
1963	安藤	31.2	岡村	38.4	吉沢	29.2
1964	安藤	11.2	岡村	41.5	吉沢	30.8
1965	白	38.5	岡村	16.5	吉沢	24.7

レギュラー2年目の57年以降、野村のRCは一度も60を下回っていない。それどころか、62年からの4年連続を含めて5回もRC100以上を記録している。逆にこの期間、他球団の捕手でRCが50を超えたのでさえ、62・63年の和田博実（西鉄）と65年の醍醐猛夫（東京）の合計3回だけである。

野村は61年からは8年連続本塁打王、63年には52本で日本新記録を樹立。62年からの6年間は打点も1位、打率.320だった65年はリーグ史上初の三冠王となって、この間に4度のMVPに選ばれた。

ただ、野村が主軸を打つようになったのは良かったが、あまり足を使えない選手が中心に座るようになって、南海は伝統としてきた機動力野球を次第にトーンダウンさせていく。57年は広瀬叔功がレギュラーとなって25盗塁を決めたが、他に2ケタ盗塁は34個の森下正夫がいただけで、すでにチーム全員が走るスタイルではなくなっていた。

これは、野村の長打力をもってすれば、機動力の必要性は薄れるのが最たる理由である。それと同時に、大下弘・中西太・豊田泰光らの長距離砲を揃えた西鉄が台頭してきたことで、鶴岡が長打力の必要性を痛感したからでもあった。「西鉄のような、超爆発力を持ったチームが出てきてみると、やはりそれに対抗する打力を備え、打力をもってはねかえしてゆくということにならないと西鉄をうわまわる人気と、実力とを合わせて維持していくことはむずかしい。営々として稼いだ得点を、いっきょに失って負けてしまう、というような試合をつづけていたのでは、士気も喪失してしまう」と鶴岡は考えていた（前掲書）。

次の表は、**鶴岡時代の南海の本塁打・盗塁の数とそのリーグ順位**である。

年度	本塁打 / 順位	盗塁 / 順位	年度	本塁打 / 順位	盗塁 / 順位
1946	24/4	200/1	1958	93/1	111/4
1947	24/6	196/1	1959	90/2	75/5
1948	45/4	218/1	1960	103/1	89/3
1949	90/7	199/1	1961	117/1	113/2
1950	88/3	225/1	1962	119/1	137/2
1951	48/4	191/1	1963	184/1	100/3
1952	83/2	239/1	1964	144/1	171/1
1953	61/2	228/1	1965	153/1	91/3
1954	82/3	219/2	1966	108/3	85/2
1955	90/2	245/1	1967	108/2	90/4
1956	68/3	238/2	1968	127/3	109/3
1957	98/1	102/4			

　46 ～ 56 年は 190 個を下回ることのなかった盗塁数は、57 年に前年の半数以下の 102 個にまで激減。その代わり、この年に初めて本塁打数がリーグトップとなり、以後は毎年のように 1 位になっている。**機動力野球から長打を重視した "400 フィート打線" のチームへ、変革が図られていた様子**がはっきりわかる。

　それでは、この方針転換は果たして正解だったのか？　下の表は、同期間の**南海の 1 試合平均得点とリーグ平均の比**を示したものだ。

年度	得点 / 試合	リーグ 平均	比	年度	得点 / 試合	リーグ 平均	比
1946	5.40	4.33	1.25	1958	4.18	3.42	1.22
1947	3.23	3.25	0.99	1959	4.28	3.54	1.21
1948	4.23	3.53	1.20	1960	3.82	3.60	1.06
1949	4.90	4.81	1.02	1961	4.38	3.82	1.15

（※つづき）

年度	得点／試合	リーグ平均	比	年度	得点／試合	リーグ平均	比
1950	5.38	4.64	1.16	1962	4.36	3.86	1.13
1951	4.77	3.94	1.21	1963	4.17	3.65	1.14
1952	4.91	4.18	1.17	1964	4.35	3.81	1.14
1953	4.51	3.70	1.22	1965	4.39	3.56	1.23
1954	3.78	3.65	1.04	1966	3.59	3.32	1.08
1955	4.24	3.69	1.15	1967	3.38	3.47	0.98
1956	3.97	3.31	1.20	1968	4.03	3.72	1.08
1957	4.17	3.45	1.21				

　これを見る限り、足を売り物にしていた時代と、長打力を前面に押し出すようになってからの得点力には、それほど差が見られない。どちらの時期でも、南海の攻撃陣はリーグ平均を1.1〜1.2倍ほど上回る得点を挙げていた。

　ただ50年代後半以降、球界は明らかに長打力を必要とする時代に突入していた。パ・リーグでは、58年の平均本塁打/500打数は7.1本だったのが、その後3年間で8.3→9.5→10.1本と毎年着実に増えていった。

　鶴岡はその変化を着実に読み取り、素早くチームの構成を切り変えていた。彼がそれまでの成功体験にしがみつき、時代遅れとなりつつあった機動力中心のチーム編成を続けていたなら、南海の衰退はもっと早い段階で訪れていたかもしれない。そのあたりの**読みと状況判断の的確さは、名将ならでは**のものだった。

Decline Phase
〈新戦力の供給が途切れる〉

　鶴岡政権の23年間のうち、実に20年もホークスは1位か2位だった。川上巨人のV9が凄いのはもちろんだが、その2倍近い期間に

わたって強豪の座にあり続けたのは、**Ｖ９に匹敵する偉業**である。

　そのホークスも、鶴岡の退陣とともに衰退期に入る。69 年に飯田が新監督に就任すると、いきなり戦後初めての最下位に転落し、1 年限りで退任。野村が選手兼任で采配を振ることになった。77 年まで 8 年間続いた野村時代で、優勝は 73 年だけ。この間阪急が圧倒的に強かったのも理由だが、南海のチーム力自体も落ちていた。

　その原因の一つに、**有力選手が入団しなくなったこと**が挙げられる。65 年から始まったドラフト制度で、**最初の 15 年間に南海が 1 位指名した選手**は次の通り（成績は在籍期間中）。

投手		試合	勝敗	セーブ	防御率	PR
1965	牧憲二郎	3	0-2	—	3.86	-0.8
1966/1 次	上田卓三	177	10-13	2	3.37	9.0
1967	藤原真	拒否				
1969	佐藤道郎	445	86-64	35	3.00	72.7
1971	野崎恒男	78	7-8	0	4.37	-24.6
1972	石川勝正	拒否				
1973	藤田学	213	72-65	1	3.88	-9.8
1974	長谷川勉	6	0-3	0	3.46	-0.1
1975	森口益光	202	27-55	1	4.57	-43.8
1979	名取和彦	30	5-12	0	6.45	-24.1

野手		試合	打率	本塁打	打点	RC
1966/2 次	中村之保	93	.167	0	5	5.0
1968	富田勝	399	.269	47	166	205.3
1970	島本講平	16	.154	2	2	2.0
1976	武藤一邦	拒否				
1977	中出謙二	78	.211	1	8	3.7
1978	高柳秀樹	592	.249	48	177	153.2

入団した13選手中、南海の選手として成功したのは**佐藤・藤田・富田**の3人だけ。この間、3選手に入団を拒否されているように、南海はアマチュア選手にとって魅力のある球団とは映っていなかったようだ。長きにわたってパ・リーグの盟主的な存在であったにもかかわらずである。

一度入団拒否に遭うと、その後は指名権を無駄にするのを恐れて、実力優先ではなく入団してくれそうな選手を指名するようになりがちだ。新人選手の質はこうして落ちていき、戦力がダウンして順位が下がると、ますます魅力に乏しいチームとなる……という負のスパイラルが完成してしまう。

クジ運が悪かったわけではない。67年に1位指名順が事前に決められるようになってから、南海の指名順は1、4、4、1、6、10、2位とほぼ毎年上位だった。ところが67年はいの一番で指名した藤原(慶応大)に逃げられる。68年に指名した富田はまずまず活躍したが、この年のドラフトが史上空前の豊作年だったことを考えると物足りなかった。南海より下位の指名順では、地元・大阪の近畿大・有藤通世(東京)、準地元の和歌山・箕島高の東尾修(西鉄)らが指名されている。69年の佐藤は成功だったが、2度目の全体1位指名だった70年には甲子園の人気者だった島本を獲得しながら、成長するのを待たずに近鉄に放出してしまった。

1巡目で入団を拒否した3選手以外にも、南海の指名を蹴ったのちにプロ入りし、大成した選手には加藤秀司(67年9位、松下電器)・山本功児(69年3位、三田学園)・簑田浩二(72年4位、三菱重工三原)・山倉和博(73年2位、東邦高)らがいる。この時代、南海に限らず入団拒否自体は珍しくなかった。それでもやはり事前調査の甘さも相次ぐ入団拒否の一因だったろう。

鶴岡時代には地の縁・人の縁で有力選手を引っ張ってくることも可能だったが、ドラフト制施行後はそれも叶わなくなった。野村が埋もれていた戦力を見出し、開花させて戦力を維持するにも限界が

あった。パ・リーグの他の球団はドラフトに救われた中、南海だけ
は逆の目に出てしまったのだ。

What would have happened if...
〈長嶋が入団していたら？〉

　長嶋茂雄が南海に入団する約束になっていたのは有名なエピソー
ドである。立教大学の先輩・**大沢昌芳（啓二）**が南海に在籍してい
たこともあり、長嶋と**杉浦忠**の二人は大沢を通じて南海から"栄養
費"を受け取っていた。杉浦が約束を守る一方、長嶋はどうしても
巨人に入団したいとの思いが強く、大沢に詫びを入れた上で南海入
りを断った。その後、巨人での活躍は誰もが知る通りである。
　もし長嶋が当初の約束通りに南海に入団していたら、どうなって
いただろう。下の表は、長嶋の現役時代の成績と同時期の南海の三
塁手の成績である。

長嶋　　　　　　　　　　　　　　南海の三塁手

年度	打率／本塁打／打点		RC		打率／本塁打／打点		RC
1958	.305/29/	92	106.5	蔭山	.224/	2/18	34.4
1959	.334/27/	82	121.9	半田	.279/	5/43	59.1
1960	.334/16/	64	107.5	森下	.275/	5/45	61.4
1961	.353/28/	86	133.1	ピート	.292/	12/42	57.9
1962	.288/25/	80	95.4	ピート	.290/	22/75	81.8
1963	.341/37/	112	142.8	ピート	.241/	24/69	59.6
1964	.314/31/	90	126.3	森下	.240/	3/40	37.0
1965	.300/17/	80	81.5	森下	.201/	3/21	13.7
1966	.344/26/	105	112.4	国貞	.264/	7/39	51.7
1967	.283/19/	77	66.0	国貞	.274/	11/45	52.7
1968	.318/39/	125	117.7	国貞	.276/	8/54	59.2

（※つづき）

長嶋　　　　　　　　　　　　南海の三塁手

年度	打率／本塁打／打点	RC		打率／本塁打／打点	RC
1969	.311/32/ 115	96.3	国貞	.263/ 9/49	56.3
1970	.269/22/ 105	67.8	富田	.287/ 23/81	92.6
1971	.320/34/ 86	106.0	高橋	.265/ 9/34	45.3
1972	.266/27/ 92	72.7	富田	.247/ 5/31	34.6
1973	.269/20/ 76	60.6	藤原	.263/ 10/44	51.2
1974	.244/15/ 55	45.2	藤原	.226/ 4/20	18.0

　南海の三塁手のＲＣが長嶋を上回ったのは、70年の富田の一度しか例がない。それどころか、多くの年では半分以下の数字にしかならなかった。

　長嶋がプロ入りした58年から68年までの11年間で、南海が優勝を逃がしたのは58・60・62・63・67・68年の6年あった。このうち、4位に終わった67年を除くといずれも5ゲーム以内の僅差で、58・68年は1ゲーム差の2位だった。この両年、および4ゲーム差で2位だった**60年は、長嶋が三塁を守っていればまず確実に南海が優勝していただろう**。日本シリーズでも、長嶋・野村の"ＮＮ砲"を相手にしていたら、王を擁する**巨人といえども9連覇は難しかったに違いない**。巨人で長嶋に代わる三塁手が誰になったとしても、長嶋級でなかったことは確かだ。

　成績面だけではない。大学時代から抜群の人気を誇った長嶋がパ・リーグに入っていたら、**セ・リーグとの人気の格差はかなり縮まっていた可能性**もある。

　80年代以降、パ・リーグには清原和博・野茂英雄・イチロー・松坂大輔らのスーパースターが出現し、一時的に注目度は上がった。それでも人気面でセ・リーグに肩を並べるようには、なかなかなら

なかった。それを考えれば、長嶋一人の力では劇的に状況は変わらなかったかもしれない。長嶋の国民的人気は、巨人に入ったことも大きな要素だったろう。

それでも長嶋の個人的な魅力を考えると、あるいはとも思える。少なくとも、実力派は多かったけれども華やかなスター性に欠ける選手が多かった当時のパ・リーグにあって、長嶋は必ずや各球場の呼び物となっていたはずだ。巨人を上回るのは無理としても、同じ関西圏の阪神に匹敵する人気チームにはなれていたかもしれない。

Conclusion

巨人、そして80年代以降の西武を除けば、南海は最も長きにわたる黄金期を形成した。両球団との資金力の差を考えれば、これだけ長期間競争力を落とさなかったのは驚異的である。

そんなチームを鶴岡はほぼ一人で作り上げた。彼は、補強の上でのキーポイントとして「**投手力**」「野球をよく知っていて力のある**東京六大学の選手**」「野球選手の名産地である**九州・四国出身者**」を挙げ、その趣旨に沿う選手を主に獲得した。その上で、好選手がいると聞けばどこにでも自ら足を運び、あらゆる伝手をたどって選手をかき集めた。そうした努力によって皆川らの好投手を入団させ、さらにテストで拾った野村や広瀬の素質も開花させた。鶴岡自身「チームの編成を一手に引き受けるゼネラル・マネージャーの仕事が好きだった」と語っており、そのような仕事は肌に合っていたのだろう。

戦後すぐの時代、プロ野球はまだまだビジネスとして完成されたものからはほど遠かった。ファームもなく、全国的なスカウト網も張り巡らされていなかった時代。鶴岡や西鉄の三原脩のような、先見性と才能を見抜く目、情熱とエネルギーを持ち合わせた人物がいれば、他球団を出し抜いてそうした人材を発掘し、育て、花開かせることができた。他球団に抜きん出たチームを作り上げるのは、独

1940〜60年代　南海ホークス　205

力ではあってもそれほど難しくはなかった。

　ただし、そのチームを長年にわたって束ね、強さを保ち続けられたのは **"親分"** と称された**鶴岡のカリスマ性**も大きな理由の一つであったろう。自身は鶴岡とは不仲だった野村も「子分を作りたがる人。目をかけられた選手は『親分を男にしてやろう』と発奮する。"一家"の団結は固かった」と鶴岡を評している。

　戦術面でも戦後すぐの時代には機動力野球で一時代を築き、時代の変遷に合わせてパワー重視の戦法にも切り替えられた。**成功体験にこだわらない柔軟な思考の持ち主**だったことも、南海の黄金時代が長く続いた理由の一つだった。

　だが、プロ野球全体が成熟していくにつれ、鶴岡の手法はスカウティングにしろ、戦術にしろ、スタンダードとして他球団に模倣されていった。ホークスが初期に形成したアドバンテージは、60年代半ばには薄れてしまい、ドラフト制度の導入がそれに追い打ちをかけた。

　そして三原を失った西鉄がそうだったように、鶴岡がいなくなった南海は彼にとって代われる人材もなく、ずるずると後退していく。衰退を食い止められるとしたら野村しかいなかったが、77年に"公私混同"を理由として監督の座を追われた。その後ホークスは一度としてAクラスにさえ届かないまま、ダイエーへ身売りして福岡へ去っていき、そこで黄金時代を再現するのである。

結論　常勝球団の方程式

「はじめに」では、**常勝球団は①育成型②改良型③補強型の３タ**イプに分類できると述べた。ここまで見てきた９つの球団は、どのタイプに当てはまるのか。

日本ハムは典型的な育成型だ。北海道移転当初は小笠原という強打者こそいたものの、他に球界トップクラスの選手は皆無だった。そこから効果的なドラフトによって、ダルビッシュや中田、大谷ら評判の好素材を獲得して育て上げ、一方下位でも着実に戦力になる選手たちを指名していった。

対照的に、**ダイエー／ソフトバンクは典型的な補強型**。育成にも力を入れている球団ではあるけれども、ダイエーの経営が傾いた一時期を除いて、一貫して大金を投じて大物ＦＡ選手や外国人選手を取りまくってきた。資金の豊富な球団なのだから、育成とのバランスさえ取れていれば、そうした補強自体は間違いではない。

野村監督の就任時点で、広澤・池山らがいた**ヤクルトは改良型**。彼らのような、才能に恵まれながら力を発揮しきれていない選手たちを覚醒させるには、野村は最良の指揮官だった。外国人選手の働きも目立ったけれども、大金を積んで引っ張ってきた大物助っ人はほとんどいなかったので補強型には当たらない。

西武は育成型と補強型のハイブリッド。所沢へ移転した当初は、どんどん資金を投下してトレードや外国人補強を展開していたが、同時に将来にも目を向けて若手を育成していき、長期の黄金時代形成につながった。

ヤクルトと同じように、山本浩・衣笠がいた**広島は基本的には改良型**だが、75年のＶ１後にも北別府、高橋、山崎らの若手を次々に送り出し、**育成型の面も持ち合わせていた**。

西本監督の就任時は、梶本や米田ら好投手はいても結果が出てお

結論　207

らず、そこから猛練習で強くなっていった**阪急は育成型**だろう。ドラフト7位で入団し、世界の盗塁王にまで成長した福本はその象徴と言える。

V9巨人は補強型のマインドを持ったチームでありながら、実際には外国人選手を獲得せず、他球団からのトレード補強もさほど成功していなかった。ONの周囲を固めたのは高田、高橋一、堀内ら自前の若手選手で、**意外に育成型**だった面もある。

西鉄は阪急と同じく、三原の監督就任時は川崎、関口らごく一部の選手を除いて極めて乏しい戦力だった。そこから中西、豊田、稲尾らを獲得して育てた**育成型の傑作**と言えよう。

南海も同様の育成型で、本編で述べたように主力級に他球団からの移籍選手がほとんどいなかった。大学時代に活躍した即戦力を除けば、広瀬、野村ら鶴岡監督が一から育て上げた選手たちが主役となっていた。

最後にまとめとして、各球団の扉部分でA、B、Cなどで評価した5項目を総合的に振り返り、常勝球団の構成要素を再確認したい。

まず〈資金力〉はあるに越したことはない。特に65年のドラフト制度施行前は、優秀な新人を獲得するには金の力がものを言ったし、ドラフトで逆指名制度が導入された93年以降は再びそのような状況が戻ってきた。巨人やダイエー／ソフトバンクに対して「金で買った優勝」といった言葉が浴びせられるのも、故なきことではない。93年にはFA制度も始まって、より一層そうした傾向は強まった。

特別に資金力があったわけではない阪急や広島が強豪となったのも、ドラフト施行後からFA導入前の期間だった。その意味では、FA時代以降に黄金期を形成した日本ハム（親会社は資金の豊富な大企業だが）の成功は異例だといえる。もっとも阪神のように、金はあっても安定して勝てていない球団もあるわけで、**資金力は常勝**

球団の絶対条件ではない。

　日本ハムがそうであるように、懐の豊かでないチームが勝つには
〈**スカウティング**〉が極めて重要になる。まだスカウト網が発達し
ていなかった50 〜 60年代では、優秀なアマチュア選手が埋もれて
いるケースも多く、南海や西鉄は有能なスカウト（しばしばそれは
監督自身でもあった）の力でこうした選手を獲得し、黄金期を形成
した。ドラフト施行後も広島のように優秀なスカウトを抱えていた
チームは、他球団が目をつけていない素材を入手して育てていった。
そして西武は、金があってなおかつスカウティングも優秀（裏技の
行使も含めて）なら、最強のチームになることを証明した。

　自由競争時代、ドラフト時代、逆指名時代、そして現行の方式と、
選手を獲得する制度は変わっても、**素材を見極める目の重要さ**が変
わるわけではない。また日本ハム、西武、広島の章で指摘したよう
に、優秀な選手に対して競合を恐れず取りに行くのも大事なこと。
グラウンド外でも戦う姿勢を忘れてはならないのだ。

　だがせっかく良い素材を獲得したところで、主力選手として〈**育
成**〉できなければ意味がない。この点に秀でていたのが阪急と広島
で、いずれも猛烈な練習を通じてチームの底力を上げていった。両
球団ではレギュラークラスがみな先頭に立って練習に取り組んだの
で、控え選手や若手も当然それを見習い、チーム全体のレベルが上
がっていった。Ｖ９巨人ではＯＮや金田らのスーパースターが同じ
役割を果たし、さらにトレードなどで次々に競争相手となる選手が
送り込まれて、絶えず刺激も与えられた。

　西武はアメリカへの野球留学を活用するだけでなく、大成功とは
ならなかったがバークレオのように外国人選手の養成も試みた。ソ
フトバンクは三軍制度を整備してひたすら選手層を厚くし、日本ハ
ムは少数精鋭で若手を実戦で鍛えるという、対照的な手法を取って
はいるが、いずれも育成能力に長けたチームとして、現在進行形で
強さを維持している。

結論　209

〈外国人選手〉の役割も大きい。9球団のうち、外国人選手の貢献を一切必要としなかったのはV9巨人だけだ。阪急は単なる成績だけでなく、スペンサーの頭脳がチームを急速に進化させた。広島が常に優勝争いできるようになったのも、優秀な外国人が来るようになってからだった。ヤクルトは外国人が活躍した年は優勝、そうでない年はBクラスとわかりやすい結果が出ていた。ソフトバンクと日本ハムにしても、そこまで外国人に頼りきりではないが、優勝した年は彼らが好成績を残している。

こうして戦力が整った上で、最後の1ピースとなるのが〈監督〉だ。野村克也は監督の采配で勝てる試合は年にいくつもないと言っているが、監督の仕事は試合中の用兵・采配だけではない。コーチ陣とともに練習や指導を通じて、選手を技術的・精神的にレベルアップさせていくのも重要な任務だ。阪急は西本、ヤクルトは野村が監督にならなければ強くはならなかったろう。

また優秀な指揮官は、選手のやる気や能力を上手に引き出す。鶴岡、西本、王、栗山はそれぞれ違ったタイプではあっても、いずれも選手が「この人のために勝ちたい」と思える監督だった。プロ野球チームが感情を持つ人間の集団である以上、こうした要素は軽視できない。

これとは反対に、厳しく選手を管理・教育することで緊張感を保つ方法によってチーム力を高めたのが、川上と広岡／森らであった。見た目は温和そうな古葉も、実際にはこのタイプに属する。また三原と野村は、適材適所に選手を起用して"部分の総和よりも大きな"チームを作ることに優れていた。いずれにせよ、凡庸な監督の下で黄金時代が築かれた例はない。

では、長きにわたって強さを維持できるチームと、85年の阪神や98年の横浜のように、短い栄光で終わってしまうチームとでは何が違うのか？　**それは確固たる方針に基づき、長期的な視野に**

立ったチーム作りをしているかいないかの差だと考えられる。

　この点に関しては、球史を通じて**根本陸夫**の右に出る者はなかった。西武とダイエー／ソフトバンクという2つの王朝を築いただけでなく、広島の全盛期の基礎も固めた根本は、人体に譬えれば即効性の薬に頼るのではなく、体質そのものを改善して健康な肉体を作り上げていった。ただし根本は在籍したチームにも恵まれていた。広島は別として、ライオンズとホークスではチーム作りに関して全権を託されていたし、ともに資金面では不自由しなかったからだ。

　例えば**三原**も根本のようになれる可能性はあったはずだが、彼が西鉄退団後に所属した大洋や近鉄は、親会社の金庫に余裕がないか、あっても野球には金を使おうとせず、オーナーやフロント陣も協力的とは言い難かった。三原自身の強烈な個性が確執を招いたのかもしれないが、このような環境にあっては、黄金期を形成できるチームにはならなかったのではないか。

　また三原にしろ**鶴岡**にしろ、現代の監督たちよりずっと深く編成面に関わり、GM兼監督のような立場にあったが、その場合は現場の指揮官として結果を出す必要もあって、目先の勝利にこだわらざるを得なくなる。その点がGMに専念できた根本との違いだった。

　このように見ていくと、**常勝球団を作るにはまずチームの設計図を描くことのできるGM、ないしはそれに相当する人物／組織が必要**になる。古い時代であれば、その仕事は監督が引き受けても構わなかったかもしれないが、もはやそのような時代ではない。根本や現在の日本ハムのように、編成と現場の権限をしっかり分け、お互いに干渉しないようにするのが大事だ。そして、その方針を金銭面も含めて親会社がサポートする態勢が整っていることも重要だ。

　GMと親会社の足並みが揃えば、今度は的を射たスカウティング（スカウト）、適切なコーチング（コーチ、監督）のできる人材が求められる。素質に恵まれた選手が入団し、彼らを上手に成長させ、外国人選手も含めて戦力が整ったら、仕上げとして優秀な指揮官を

結論　211

配置する。こうして本当に強いチームが完成する。

　過去の常勝球団がみなこのような段階を踏んできたわけではなく、5つの要素のすべてを兼ね備えていたわけでもない。だがなかなか強くなれないチームは、上記のポイントのどこかで躓いているはずだ。"常勝球団の方程式"とは、裏を返せば"低迷するチームを作らない方法"でもあるのだ。

付録　オールタイム野手トップ300＆投手トップ100

　次のページからは、2008年に刊行した『プロ野球最強選手ランキング』のアップデート版の順位を掲載している。

　野手のランキングは、通算のＰＡＲＣに全盛期の連続７年間のＰＡＲＣの数値を加えた合計で、上位300名まで。投手は通算ＰＲに、非連続で最も高いＰＲを残した５年間の数値を加えた合計となっている。成績はすべて日本プロ野球でのものに限り、ＭＬＢでの数字は含んでいない。

野手上位 300 名（太字は 2016 年時点での日本での現役選手）

1	王貞治	3784.7	29	T・ローズ	1878.0
2	野村克也	3685.9	30	和田一浩	1848.5
3	張本勲	2934.1	31	谷繁元信	1840.4
4	長嶋茂雄	2809.2	32	中村紀洋	1822.6
5	落合博満	2461.6	33	川上哲治	1822.1
6	山内一弘	2420.2	34	藤田平	1812.1
7	山本浩二	2381.7	35	大杉勝男	1795.7
8	**阿部慎之助**	2363.9	36	**井口資仁**	1795.0
9	金本知憲	2362.2	37	高木守道	1792.0
10	福本豊	2191.4	38	山崎裕之	1789.9
11	門田博光	2182.6	39	**中島裕之**	1761.7
12	豊田泰光	2143.7	40	加藤英司	1761.2
13	榎本喜八	2080.1	41	小久保裕紀	1760.8
14	土井正博	2080.0	42	松中信彦	1760.5
15	**松井稼頭央**	2073.6	43	稲葉篤紀	1726.6
16	江藤慎一	2067.7	44	掛布雅之	1717.3
17	田淵幸一	2065.6	45	野村謙二郎	1715.7
18	古田敦也	2004.1	46	有藤通世	1715.7
19	小笠原道大	1982.9	47	若松勉	1704.7
20	清原和博	1965.1	48	江藤智	1697.5
21	松井秀喜	1956.8	49	**福留孝介**	1685.1
22	衣笠祥雄	1954.1	50	石毛宏典	1674.9
23	立浪和義	1951.9	51	中西太	1658.1
24	木俣達彦	1931.4	52	真弓明信	1654.4
25	**鳥谷敬**	1921.8	53	松永浩美	1653.6
26	石井琢朗	1921.5	54	田中幸雄	1649.6
27	広瀬叔功	1904.9	55	**坂本勇人**	1647.4
28	秋山幸二	1898.6	56	A・ラミレス	1646.6

57	原辰徳	1644.4	86	与那嶺要	1521.7
58	柴田勲	1642.1	87	糸井嘉男	1515.6
59	毒島章一	1641.1	88	小玉明利	1512.2
60	前田智徳	1631.9	89	堀幸一	1512.0
61	吉田義男	1631.4	90	井端弘和	1511.4
62	飯田徳治	1621.2	91	内川聖一	1505.9
63	村田修一	1616.2	92	岡田彰布	1487.2
64	藤村富美男	1614.2	93	宇野勝	1465.1
65	R・ローズ	1613.9	94	白石勝己	1458.8
66	中利夫	1613.4	95	青木宣親	1447.7
67	大島康徳	1608.4	96	青田昇	1441.6
68	長池徳二	1607.6	97	栗山巧	1424.4
69	高橋由伸	1606.0	98	桑田武	1414.9
70	基満男	1604.6	99	葛城隆雄	1413.0
71	小鶴誠	1600.8	100	土井垣武	1409.0
72	大下弘	1596.8	101	広沢克己	1397.8
73	城島健司	1584.8	102	谷佳知	1395.3
74	新井貴浩	1582.8	103	篠塚利夫	1393.0
75	高木豊	1578.9	104	中村剛也	1385.7
76	近藤和彦	1578.5	105	森野将彦	1381.6
77	池山隆寛	1574.6	106	伊東勤	1379.2
78	イチロー	1564.3	107	L・リー	1364.5
79	松原誠	1563.8	108	山崎武司	1364.2
80	高橋慶彦	1557.1	109	山本一義	1360.3
81	大石大二郎	1556.2	110	緒方孝市	1346.5
82	田宮謙次郎	1553.9	111	杉浦亨	1345.5
83	谷沢健一	1551.4	112	金田正泰	1337.3
84	A・カブレラ	1547.9	113	新井宏昌	1336.5
85	千葉茂	1544.9	114	田中賢介	1333.9

115	宮本慎也	1325.1	144	正田耕三	1211.2
116	井上登	1320.6	145	高田繁	1204.9
117	高倉照幸	1315.6	146	川崎宗則	1204.3
118	島谷金二	1314.9	147	仁志敏久	1204.2
119	西沢道夫	1304.9	148	吉永幸一郎	1203.8
120	小川亨	1302.3	149	矢野輝弘	1201.0
121	R・ペタジーニ	1300.4	150	広岡達朗	1198.7
122	J・シピン	1297.2	151	辻発彦	1196.4
123	片岡篤史	1293.7	152	初芝清	1196.3
124	**荒木雅博**	1283.7	153	田尾安志	1193.5
125	G・アルトマン	1282.2	154	栗橋茂	1191.4
126	駒田徳広	1278.6	155	水谷実雄	1188.7
127	R・マルカーノ	1272.5	156	岡本伊三美	1183.0
128	呉昌征	1270.9	157	藤井康雄	1182.7
129	岩村明憲	1263.6	158	大村直之	1181.2
130	**西岡剛**	1261.9	159	柏原純一	1180.2
131	簑田浩二	1259.2	160	関口清治	1178.0
132	西園寺昭夫	1256.4	161	島田誠	1167.6
133	佐々木誠	1255.4	162	田代富雄	1165.6
134	**福浦和也**	1248.1	163	J・フェルナンデス	1158.1
135	ブーマー	1248.0	164	二岡智宏	1156.1
136	白仁天	1247.1	165	古葉竹識	1151.9
137	鈴木尚典	1246.9	166	岡嶋博治	1149.1
138	阪本敏三	1244.4	167	河野旭輝	1143.0
139	レオン	1239.4	168	**本多雄一**	1140.7
140	鈴木健	1237.7	169	山崎隆造	1139.8
141	山下大輔	1235.3	170	石嶺和彦	1137.9
142	三村敏之	1234.4	171	杉山光平	1133.3
143	松田宣浩	1221.0	172	**長野久義**	1129.2

173	古川清蔵	1115.8	202	古屋英夫	1040.7
174	金城龍彦	1113.5	203	江尻亮	1040.7
175	金子誠	1111.8	204	佐伯貴弘	1036.9
176	山本和範	1111.0	205	池辺巌	1033.5
177	中村武志	1109.8	206	大和田明	1031.1
178	D・ロバーツ	1109.8	207	長谷川勇也	1030.8
179	W・クロマティ	1107.2	208	田村藤夫	1028.4
180	森昌彦	1106.9	209	佐藤孝夫	1024.4
181	藤井勇	1105.7	210	藤井栄治	1021.9
182	大豊泰昭	1105.6	211	木塚忠助	1021.6
183	三宅秀史	1104.0	212	原田徳光	1019.0
184	遠井吾郎	1098.0	213	森下正夫	1018.3
185	別当薫	1097.5	214	福良淳一	1018.0
186	坪内道則	1080.3	215	赤星憲広	1015.7
187	和田博実	1076.4	216	八田正	1014.6
188	今江敏晃	1075.0	217	今岡誠	1014.6
189	蔭山和夫	1069.1	218	玉造陽二	1014.3
190	サブロー	1068.1	219	多村仁	1013.9
191	藤井弘	1064.8	220	森徹	1011.4
192	長崎啓二	1062.6	221	中塚政幸	1010.7
193	小池兼司	1058.8	222	森本潔	1009.5
194	C・バルボン	1056.2	223	興津立雄	1008.4
195	C・ジョーンズ	1055.2	224	J・ブルーム	1008.4
196	D・スペンサー	1053.0	225	本堂保次	1007.4
197	羽田耕一	1050.0	226	栗原健太	1006.4
198	土井正三	1046.2	227	大下剛史	1006.4
199	里崎智也	1045.7	228	杉山悟	1005.1
200	堀井数男	1041.8	229	T・オマリー	1003.8
201	T・ウッズ	1041.2	230	清水隆行	1003.1

付録　217

231	弘田澄男	1002.7	260	大島公一	969.4
232	黒江透修	1002.3	261	岩本義行	968.8
233	小川博文	999.6	262	田口壮	968.0
234	吉田勝豊	996.8	263	相川亮二	965.6
235	河埜敬幸	996.6	264	丸佳浩	960.8
236	W・バレンティン	995.4	265	飯島滋弥	960.2
237	中畑清	995.2	266	西村徳文	959.3
238	柴原洋	994.0	267	礒部公一	957.5
239	片岡易之	993.1	268	町田行彦	957.5
240	R・バース	993.0	269	小坂誠	950.9
241	後藤光尊	992.2	270	中田翔	948.9
242	平野恵一	991.4	271	田中浩康	947.7
243	前田益穂	991.0	272	桧山進次郎	947.5
244	東出輝裕	988.5	273	M・マートン	946.6
245	河埜和正	987.6	274	並木輝男	943.4
246	関根潤三	987.4	275	伊藤勲	943.1
247	川相昌弘	980.4	276	秋山翔吾	942.8
248	森永勝也	980.0	277	吉村禎章	942.1
249	陽岱鋼	980.0	278	徳武定之	940.9
250	R・ブライアント	978.8	279	加藤俊夫	940.3
251	近藤昭仁	977.9	280	大沢清	939.7
252	金山次郎	977.3	281	山本八郎	938.4
253	浅村栄斗	975.0	282	鈴木貴久	938.0
254	中谷順次	973.8	283	戸倉勝城	935.0
255	山田哲人	973.2	284	J・ライトル	934.0
256	竹之内雅史	971.5	285	醍醐猛夫	932.5
257	梵英心	970.8	286	永淵洋三	931.3
258	平野謙	970.6	287	小早川毅彦	930.7
259	新庄剛志	970.5	288	平井三郎	930.3

289	箱田淳	927.8
290	井上弘昭	926.7
291	富田勝	922.7
292	佐野仙好	922.0
293	山本一人	920.9
294	大矢明彦	920.7
295	藤原満	919.3
296	門前真佐人	919.3
297	**柳田悠岐**	918.0
298	国貞泰汎	907.1
299	水口栄二	903.4
300	関川浩一	902.5

投手上位 100 名（太字は 2016 年時点での日本での現役選手）

1	稲尾和久	688.9	29	江川卓	311.8
2	別所毅彦	647.4	30	上原浩治	299.4
3	金田正一	616.8	31	槙原寛己	293.2
4	藤本英雄	592.5	32	小林繁	288.9
5	Ｖ・スタルヒン	548.7	33	長谷川良平	286.4
6	杉下茂	548.5	34	郭泰源	274.8
7	村山実	505.6	35	岩隈久志	269.6
8	山田久志	475.5	36	足立光宏	267.0
9	小山正明	459.7	37	米田哲也	266.6
10	斎藤雅樹	459.4	38	Ｇ・バッキー	265.5
11	江夏豊	457.0	39	西崎幸広	260.5
12	ダルビッシュ有	456.4	40	**岩瀬仁紀**	260.1
13	鈴木啓示	441.9	41	**金子千尋**	259.8
14	村田兆治	387.4	42	**藤川球児**	255.3
15	皆川睦雄	387.1	43	山本昌	252.2
16	田中将大	361.3	44	柚木進	251.1
17	**松坂大輔**	360.9	45	高橋直樹	249.2
18	若林忠志	353.2	46	池永正明	242.0
19	野口二郎	352.5	47	鹿取義隆	240.0
20	前田健太	347.7	48	土橋正幸	239.8
21	大友工	344.6	49	**和田毅**	236.9
22	大野豊	343.3	50	郭源治	235.1
23	**杉内俊哉**	337.6	51	川上憲伸	234.2
24	西本聖	330.3	52	柴田保光	226.6
25	荒巻淳	329.3	53	藤田元司	226.3
26	杉浦忠	328.4	54	川口和久	223.9
27	工藤公康	320.8	55	藤村隆男	223.5
28	東尾修	312.3	56	外木場義郎	215.2

57	真田重蔵	214.1	79	服部受弘	188.8
58	井川慶	213.4	80	伊藤智仁	188.1
59	吉見一起	212.1	81	赤堀元之	188.0
60	今中慎二	210.7	82	豊田清	186.8
61	内海哲也	208.7	83	新浦壽夫	186.5
62	潮崎哲也	208.6	84	佐々木主浩	185.8
63	桑田真澄	208.2	85	野茂英雄	183.2
64	小松辰雄	205.5	86	高橋一三	182.7
65	斉藤和巳	200.1	87	黒田博樹	179.9
66	菅野智之	199.8	88	若生智男	178.6
67	渡辺久信	198.6	89	尾崎行雄	176.7
68	森弘太郎	197.2	90	加藤初	175.8
69	林義一	195.6	91	大矢根博臣	174.5
70	松岡弘	195.5	92	沢村忠志	173.0
71	遠藤一彦	194.8	93	成田文男	172.1
72	城之内邦雄	194.0	94	米川泰夫	171.0
73	中尾碩志	193.7	95	島原幸雄	170.7
74	川崎徳次	190.4	96	北別府学	170.2
75	梶岡忠義	190.0	97	木樽正明	168.1
76	斉藤明夫	189.9	98	渡辺省三	167.1
77	平松政次	189.4	99	堀内恒夫	166.4
78	小野正一	189.1	100	黒木知宏	166.3

参考文献・資料 ※本文内に出典を表記したものは除く

〈書籍・ムック〉

1934-2004 プロ野球 70 年史（ベースボール・マガジン社、2004 年）

THE OFFICIAL BASEBALL ENCYCLOPEDIA 2004（日本野球機構、2004 年）

あぁ、監督（野村克也、角川書店、2009 年）

カープ 50 年（中国新聞社、1999 年）

工藤公康　プロフェッショナルの矜持（黒井克行、新潮社、2006 年）

週刊ベースボールプラス 6　1950-2011　わが愛しのスワローズ（ベースボール・マガジン社、2011 年）

西武ライオンズ 30 年史（同、2008 年）

鶴岡一人の栄光と血涙のプロ野球史（鶴岡一人、恒文社、1977 年）

東京読売巨人軍 50 年史（東京読売巨人軍、1985 年）

南海ホークス栄光の歴史（ベースボール・マガジン社、2012 年）

日本プロ野球偉人伝 vol.1 ～ 15（同、2013 ～ 14 年）

日本プロ野球外国人選手大鑑（同、2002 年）

日本プロ野球外国人選手列伝（同、2014 年）

日本プロ野球トレード大鑑（同、2001 年）

野村再生工場（野村克也、角川書店、2008 年）

発掘！西本・阪急ブレーブス最強伝説（四家秀治、言視舎、2013 亡）

パ・リーグを生きた男　悲運の闘将・西本幸雄（西本幸雄、ぴあ、2005 年）

阪急・オリックス 80 年史（ベースボール・マガジン社、2016 年）

阪急ブレーブス黄金の歴史（同、2011 年）

阪急ブレーブス五十年史（阪急ブレーブス、1987 年）

広島カープ全史（ベースボール・マガジン社、2016 年）

広島カープ 60 年史（同、2009 年）

Ｖ 9 の闘魂　巨人軍の鬼といわれて（川上哲治、同、1983 年）

プロ野球埋もれたＭＶＰを発掘する本（出野哲也、言視舎、2015 年）

プロ野球記録大鑑（宇佐美徹也、講談社、1993 年）

プロ野球最強選手ランキング（出野哲也、彩流社、2008 年）

プロ野球最強の助っ人論（中島国章、講談社現代新書、2015 年）

プロ野球スカウトの眼はすべて「節穴」である（片岡宏雄、双葉新書、
　2011 年）

プロ野球ドラフト全史（ベースボール・マガジン社、2005 年）

ホークス九州 20 年史（同、2008 年）

魔術師──三原脩と西鉄ライオンズ（立石泰則、小学館文庫、2005 年）

ライオンズ 60 年史（ベースボール・マガジン社、2010 年）

〈雑誌・年次刊行物〉

オフィシャル・ベースボール・ガイド（ベースボール・マガジン社）

週刊ベースボール（同）

セントラル・リーグ　グリーンブック（日本野球機構）

ベースボール・レコード・ブック（ベースボール・マガジン社）

〈新聞〉

朝日新聞

スポーツニッポン

日刊スポーツ

毎日新聞

読売新聞

〈ウェブサイト・資料集〉

日本野球機構オフィシャルサイト（http://www.npb.or.jp/）

日本プロ野球私的統計研究会（スタメンアーカイブ）

（http://npbstk.web.fc2.com/order/index.html）

スタメンデータベース（http://sta-men.jp/）

日本プロ野球記録（http://2689web.com/）

http://www.baseball-reference.com/

日本プロ野球私的統計資料集　個人別・期間別布陣

出野哲也（いでの・てつや）

1970年、東京都生まれ。メジャー・リーグ専門誌『スラッガー』で「MLB歴史が動いた日」「殿堂入りしていない英雄列伝」などを連載。『プロ野球　最強選手ランキング』『プロ野球　背番号を楽しむ小事典』（以上彩流社）『改訂新版　メジャー・リーグ人名事典』『プロ野球　埋もれたMVPを発掘する本』（言視舎）などの著書のほか、『野球小僧remix』シリーズ（白夜書房）『プロ野球オール写真選手名鑑』（日本スポーツ企画出版社）などに寄稿している。

装丁………佐々木正見
DTP制作………勝澤節子
編集協力………田中はるか

プロ野球　常勝球団の方程式
9チームの黄金時代を徹底研究する

発行日❖2017年3月31日　初版第1刷

著者
出野哲也

発行者
杉山尚次

発行所
株式会社言視舎
東京都千代田区富士見2-2-2　〒102-0071
電話03-3234-5997　FAX 03-3234-5957
http://www.s-pn.jp/

印刷・製本
中央精版印刷㈱

© Tetsuya Ideno, 2017, Printed in Japan
ISBN978-4-86565-078-5 C0075